WHY WE THINK THE THINGS WE THINK

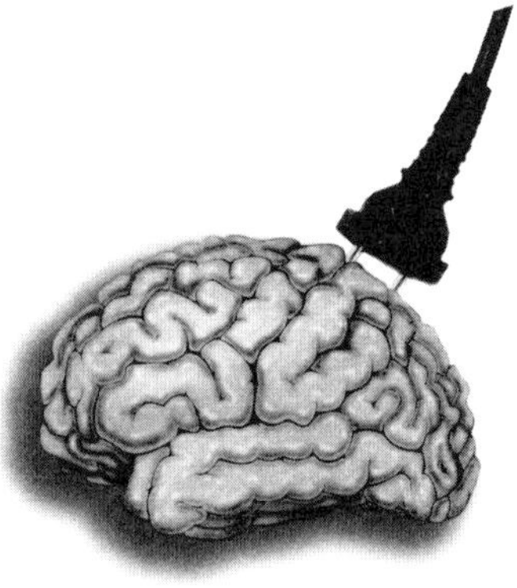

那些逃不掉又抓不住的想法

三天读懂哲学简史

[英] 阿兰 · 斯蒂芬（Alain Stephen）◎著　朱桂兰◎译

机械工业出版社
CHINA MACHINE PRESS

自文明发端以来，艰深的哲学问题已困扰人类数千年之久。哲学不仅仅是思想家的崇高使命，也是指导实践、明确方向，审视个人思想和观念的必要工具。本书选取哲学简史中的26个典型问题，以“简而言之”的方式，旨在让读者轻松提升个人修为，与史上最伟大的思想比肩同行。

WHY WE THINK THE THINGS WE THINK
by Alain Stephen
First published in Great Britain in 2015 by
Michael O'Mara Books Limited, 9 Lion Yard, Tremadoc Road, LondonSW4 7NQ

图书在版编目（CIP）数据

那些逃不掉又抓不住的想法：三天读懂哲学简史/（英）阿兰·斯蒂芬（Alain Stephen）著. 朱桂兰译. —北京：机械工业出版社，2016.2

书名原文：why we think the things we think

ISBN 978－7－111－54441－8

Ⅰ.①那…　Ⅱ.①阿…②朱…　Ⅲ.①哲学史-世界-通俗读物　Ⅳ.①B1－49

中国版本图书馆CIP数据核字（2016）第179513号

机械工业出版社（北京市百万庄大街22号　邮政编码100037）
责任编辑：刘林澍　　版式设计：张文贵
责任校对：赵　蕊　　责任印制：常天培
北京圣夫亚美印刷有限公司印刷

2016年9月第1版·第1次印刷
145mm×210mm·4.75印张·72千字
标准书号：ISBN 978－7－111－54441－8
定价：42.00元

凡购本书，如有缺页、倒页、脱页，由本社发行部调换

电话服务
服务咨询热线：010-88361066
读者购书热线：010-68326294
　　　　　　　010-88379203

网络服务
机 工 官 网：www.cmpbook.com
机 工 官 博：weibo.com/cmp1952
金 书 网：www.golden-book.com
教育服务网：www.cmpedu.com

封面无防伪标均为盗版

作者另一著作

让你思考的书：25 条文法规则

献给波莉

目
录
Contents

引言：果壳中的哲学？[1]

我童年最早的记忆之一：在父母的别墅里，我坐在自己的床上无所事事。墙上钉满了纸质模型，有古色古香的一节节火车、优美的风景（有穿过山的一条隧道和两个站台），诸如此类。它们被钉在墙上，几乎占了房间的一半，而且已经坏了。实际上，它们很容易坏。我想，也许就是那个时候，我开始思考事物是如何运转或不运转的，或者某些时候运转，而另一些时候却不再运转。我并非只是从平凡的意义上去琢磨这些事情，例如，洗衣机为何坏了，或者手机为何掉进马桶，同样，也不是因为我的火车模型在前一天还好好的，却突然坏

---

[1] “in a nutshell”的英文意思是“简而言之”，这个术语最初起源于一个典故：普林尼长老抄写的荷马史诗《伊利亚特》，据说小到可以装进一个坚果壳里。这本书采用了最初的原始意义，作者将复杂难懂的哲学通过简单易懂的方式写出来，希望读者们可以对哲学有所了解，热爱哲学，因为哲学是我们的生活之本。——译者注

掉，不知何故。相反，我正在开发自己的一种意识，即感知事物本身普遍的易错性质。

六岁时的我总是努力地想去明白事物转瞬即逝性质的核心是什么。我很难将之称为灵光一现，但忽然间意识到我在和自己对话。我问自己问题，进行分析和思考，坦率地说，我感到了困惑。这是我开始有记忆的时刻，也正是开始思考的时刻，或者说是开始有意识地为自己思考的时刻。

当然，我应该在这之前就开始了思考。我一定“已知”不能把手放进火里，或者站在汽车前面，又或者把我的自行车丢在雨中；我一定“已知”饥饿、高兴、生气或悲伤时的感受。这些知识是“先验”㊀的吗（很多哲学家特别关注这一术语）？也就是说，是否我获得这方面知识是源于天生的理论推演能力，而不是源于我对亲身经历的观察？“我脑海中的声音”开始发问——

㊀ 先验（a priori，也译作“先天”）在拉丁文中指“来自先前的东西”。近代西方传统中，认为先验指无需经验或先于经验获得的知识。它通常与后验知识相比对应，后验意指“在经验之后”，即需要经验。这一区分来自于中世纪逻辑所区分的两种论证，从原因到结果的论证称为“先验的”，而从结果到原因的论证称为“后验的”。（源于维基百科）——译者注

为什么我们脑海里会出现声音？在这一段文字里，我多次使用“已知”这个词，以最常用的现在完成时来阐释未完成的事情。但是，如果时间突然停止会发生什么？又或者如果已经完成了，又会发生什么？是否每个人脑海中的声音会突然停止思考？这是一个非常可怕的想法。

我不知道自己坐在已经受损的火车模型下方的床上思考了多久。有一件事一直让我很吃惊——我们个人对时空的感知貌似很狭小，而且随着年龄的增长这种感知会减弱。比起一个46岁成人的感知，一个6岁小孩会认为一个月、一天，甚至一小时，似乎是很漫长的时间。当你是一个青少年时，暑假似乎持续了一个时代，但对我来说，整个暑假里我所关注的只是8月里的路灯亮得有多早。

记得，当我毕业几年后再次回到曾就读过的中学时，震惊于自己忽然间觉得学校的礼堂竟然那么小。礼堂的一端是结实的木质舞台，严厉的校长常在上面发表他的言论，高级教师们在旁边站成排；当我作为学生身处其中时，感觉礼堂真的很大。然而当我九年后再次回到这儿，突然间感觉它似乎变小了。除非学校对它进行了大改造，礼堂是不可能变的。很简单，我对空间的感知，更精确地说，我自己在空间里的经验发生了改变。

那么，一组坏掉的火车模型或者缩小的学校礼堂跟哲学主题有什么相关呢？这两组现象都表现了经验里的观察和反思。当这些反思被记忆的棱镜过滤之后，它们的可靠性也值得怀疑。我试图用一种迂回的方式来得出一些结论，究竟是什么构成了哲学。哲学是源于对人类实际经验的思考和反思吗？

对哲学家的传统定义（往往归于毕达哥拉斯）是"挚爱智慧和知识的人"。依此推论哲学是一门关于智慧和知识的学问。有趣的是，作为学科的哲学和科学如何致力于理解在过去几个世纪早已"分裂"的世界。科学似乎占了上风，因为它貌似有能力证明一些事情，而哲学却好像是某种意义上的纯理论，它们善于提出问题，但却不能够给出清晰的答案。在这个意义上，数学、物理和自然科学超过了道德、美学或神学。康德曾经有一句名言：哲学是所有科学的皇后—— 他认为专研思考和理念，或者更准确地说，理念是如何的形成的，比求和或求解方程更重要。最常被认可的观点是：哲学是由问题组成的，其答案总会带来更多的问题。鉴于此，将哲学"简而言之"是否有可能？

因为本书的内容由问题组成，所以我将书中内容进行了切分。这些问题，正如所期望的，对大部分人来说常常发生，特别是在反思或观察的安静时刻（就像坐在火车模型下方的年轻时的我自己）。

有必要精心挑选一些哲学家来阐释这些问题，同时有必要的时候我也尽力尝试，提供与之相对的论点和视角。关于一些基本的问题，例如“快乐是什么”，我梳理了很多不同年龄段的哲学家和作者的观点，尝试在这一主题上有一个综合性的文献回顾和总结，很显然，这些资料可以填满一个图书馆。如有任何疏漏，我为此道歉，并希望这些总结会鼓励你进一步对问题进行调查。很多主要思想和观念会有重叠，所以我试图标明它们在哪里相连。毫无疑问，伦理学、美学和信仰等领域的研究有许多互相关联的地方。我们应该永不停止努力学习新的事物，或者更重要的是，去质疑为什么有些事情如此，而另一些事情却不是。也许对我们思想和观念的审视就是“简而言之的哲学”。

阿兰·斯蒂芬（Alain Stephen）

为什么是存在而不是虚无?

“形而上学”（Metaphysics）是哲学的一个分支，探讨关于存在的本质、精神和物质之间的关系。这个词第一次出现在古希腊哲学家亚里士多德（Aristotle，公元前384年至公元前322年）的作品里，“metaphusika”，意为“物理学之后”。对“形而上学”的常见阐释是：它研究超越于物理世界的事情，或者那些不能够通过科学实验观察进行分析研究的事情。有一种观点认为，古希腊罗得岛的安德罗尼柯（Andronicus of Rhode）是亚里士多德文集的第一位编辑。亚里士多德的论著囊括广泛学科范围，“metaphusika”一词是安德罗尼柯对一系列著作进行分类的方法：他没有按照学科进行分类，例如将其分为科学、数学或法律等。

之后的哲学家们将这个词用来表示对非物理或非物

质的研究，以及和现实感知之间的关系。亚里士多德特别喜欢对人类知识的不同分支进行排序。按照安德罗尼柯的观点，他很重视形而上学，将其作为最纯净的科学，并使用“第一原则”的术语来阐释统治宇宙的基本定律。

“没有什么会更真实。”

塞缪尔·贝克特，《马龙之死》(1956)

形而上学的核心问题之一是探讨存在的“本质”、存在和人类现实感知的定义和关系。这些探讨的其中一个方面涉及一个问题，即“为什么存在”。前苏格拉底的古希腊哲学家，爱利亚的巴门尼德（Parmenides of Elea 约公元前515年至公元前460年）在他的著作《论自然》里回答过这个问题。巴门尼德以史诗的形式对这个问题进行探讨，遗憾的是，只有160行的诗得以保留下来（这本著作被认为原本应该是一部3000行的诗歌集）。这首诗讲述了一名年轻男子（有可能就是巴门尼德）遇到一位传授他宇宙万物真正本质的神。神说，认识这个世界有两种基本的方式：真理和观点。

真理方式是探寻事物“本身”，可以有两种询问路径：存在的事物和虚无的事物。对巴门尼德来说，因为我们不可能去思考虚无的事物，所以只能知道存在的事物，事物从无到有也几乎是不可能的：

“有必要说出并思考存在是什么，虚无不是什么。”

巴门尼德，《论自然》（约公元前475年）

相对于真理方式的是观点方式。与其他前苏格拉底的思想家们不同（他们依赖于感知来理解事物的本质），巴门尼德认为感知是不可靠的。简言之，我们关于事物的感知不同于事物“本身”（参阅“可以客观地经历世事吗”一节），所以感知不可信任。因此，巴门尼德被认为是最早提出外表和现实双重性的思想家之一。

巴门尼德得出结论：“什么是存在，什么不可以称之为存在；事物是存在的，而不是虚无的，因为没有什么事物是虚无的。”因此，宇宙是一个单一的、无限的、永恒不变的实体。英国哲学家伯特兰·罗素（Bertrand Russell）在他的著名作品《西方哲学史》中，对巴门尼德悖论做了一个干净利落的总结：

> **“当你在想，你在想一些事物；当你使用一个名称，它一定是某个事物的名称。所以想法和语言都需要外在于它们的客观主体。而且，当你在某些时候或另一些时候，想到某个事物或者说起某个事物，所想所说的都一直是存在的。因为变化本身与事物存在或不再存在共存，因此也不会有变化”。**
>
> 伯特兰·罗素，《西方哲学史》(1945)

德国存在主义哲学家，马丁·海德格尔（Martin Heidegger）在他颇具影响力的演讲《什么是形而上学》中，尝试扭转巴门尼德悖论的焦点。对于海德格尔来说，形而上学太过关注于分析“存在是什么”，而忽略了要去问“虚无是什么”。

海德格尔指出，为了充分考虑“虚无”的本质，我们需要抛开形式逻辑和巴门尼德的观点——不可能理解那些虚无的事物。海德格尔以一种抽象的、准心理的方法来理解“虚无”问题。

“认真考虑虚无本身，我们开始注意到我们自己情绪的重要性和活力。最重要的是，虚无是让我们产生恐惧感的东西。”

马丁·海德格尔，《什么是形而上学》

（1929 年 7 月 24 日，在德国弗赖堡大学的讲座）

海德格尔认为，对恐惧深有感触是人类理解虚无的本质和现实的最根本线索。海德格尔使用术语“此在（Dasein）”来描述人类生活，大致可以翻译为“在那里”或存在；但他也声称我们的“此在”是临时的和不确定的。某个时刻我们会死而不再存在的事实，也是我们人类经验的特征之一。海德格尔认为，如果死亡是以一种跟直觉相反的方式定义生命，那么虚无也是事物存在的一种方式。在这方面，存在并不是虚无的相反：这两个状态是平行相关的。因此，海德格尔认为，哲学讨论的原则主体不是“为什么是存在，而不是虚无”，而应该是“为什么存在和虚无的问题是第一位的”。

道德是什么？

传统的意义上，“道德”一词有两种定义。描述性定义是指，由社会、组织或社团提出的可接受的个人行为的特定模式。规范性定义是指，在一定条件下，所有理性的人会坚持的行为模式。道德这一术语如何应用是伦理学作为一个哲学分支最重要的部分。规范性道德尝试寻求行为的普遍模式，这些模式存在于那些理解它并能够通过它来管治好自己行为的人们身上，它应具有约束力，要求人们避免以违反道德禁令的方式行事。例如，错误地结束另一个人的生命是道德禁令。此外，规范性道德包含要求人们遵守一套理性人认可模式的合理条件。例如，虽然结束另一个人的生命通常是错误的，会不会在一定的条件下这样做在道义上却是正确的呢？

理性人对道德理论一些主要方面的分析会有差异，同样，他们在对所有理性人接受某种行为模式为一种道德准则的资格认可上也会出现差异（参阅“如何鉴别对与错”一节）。道德哲学中一个主要问题是道德“现实主义”（realism）和“反现实主义”（anti-realism）之间的争论。

道德现实主义哲学家认为存在客观的道德事实。换句话说，世界上的事情总是有好有坏，独立于个人的观点之外。相反的观点——反现实主义——认为世界上没有绝对的道德事实，而不过是观点而已，我们所认为的道德事实不是我们发现的规律，而是我们为自己发明的规则。与这个争论相关的是，什么可以称之为“认知主义”（cognitivism）或“非认知主义”（non-cognitivism），以及道德论述的有效性问题。认知主义认为，关于道德问题的声明是一个命题，因此可以通过推理进行论证，以确定它们正确与否。例如，“谋杀是错误的”这一论点，在得出这一论点时，我已经描述这个世界上的一些事情，而且，我将“错误”的价值观加入了谋杀的概念中。为了验证谋杀是否在事实上就具有错误价值，我需要得出一个关于客观有效性的结论——这个描述是对的还是错的？

> **“不要让你的道德意识来判断做正确的事”。**
>
> 艾萨克·阿西莫夫，《基地》（1951）

非认知主义持相反立场，认为，当我提出“谋杀是错误的”论点，我并不是在描述这个世界的客观存在，而仅仅是在表达自己的感受和意见。因此，非认知主义声称，因为道德陈述不是描述性的，它们可以非真非假。逻辑上，一些真实的事情需要以真实的方式描述它们，或者相反，错误的事情也需要以与真实相反的方式描述出来。非描述性论据不可能亦真亦假。

非认知主义在元伦理学方面做出了进一步发展，即“表达主义”（expressivism）。根据表达主义的观点，道德语言的意义并不是为了描述事物或者申明已被清晰界定的关于世界的事实情形，而是以态度和观察的形式来“表达”一些评价。因此，论述（如“虐待小猫是坏行为”）并没有包含对事实的陈述，也因此不具有真理价值。但当一个简单的道德陈述句被嵌入到一个更复杂的句子中时，则会导致更大的困惑。思考下面的论述：

“虐待小猫是坏行为。如果虐待小猫是坏行为，那么让你的朋友折磨小猫就是错误的。因此，让你的朋友虐待小猫是错误的。”

根据表达主义的观点，第一句并不包含真理价值，只是对虐待小猫行为的一种评价。但是在第二句中，一个假设场景已经设定，并没有表达对虐待小猫的评价，而只是满足了一个条件而已。根据正式的命题逻辑（被称为肯定前件），如果一个陈述或命题的第一部分包含了第二部分，而且第一部分是真命题，那么第二部分也应该是真命题。因此，表达主义理论不能被应用到第二句中，但形式逻辑的分析却可以，尽管它缺失了真理价值。20世纪的英国哲学家彼得·吉奇（Peter Geach），在研究德国哲学家和数学家戈特洛布·弗雷格（Gottlob Frege，1848—1925）的作品之后，将这个问题称为弗雷格—吉奇（Frege-Geach）问题。

判断道德陈述真理价值的一种可行方法是观察道德判断背后的意图，以及它们在语言上是如何表达出来的。“虐待小猫是坏行为”这一论述的提出者想要表达的意图是什么？它如何反映论述者的心智（认知）状态？正如论点陈述表达了我们关于这个世界的一般观念和信仰，它们也表达了道德判断和信念。在这个意义上，道德就是使用道德语言构建某种传统，是一种行为模式，这成为了现代哲学日益关注的领域。最后，尽管从个人的角度来看，被蒙蔽的道德判断或许是糟糕的，但是如果我们要欺骗自己，仅仅是因为表达方式而去接受道德事实并将其作为真理，将会更加糟糕。

“我认为，人们没有能力什么都不做、什么都不说、对不公平没有反应、不去反抗压迫，抑或不去追求他们认可的良好社会和美好生活。”

纳尔逊·曼德拉（1918—2013）

人有自由意志吗？

广义上的哲学关注知识、现实和存在的基本性质。如果我们将“知识”视作可以与“意义”和“理解”相融合，那么这个定义可以简化为寻求理解生命的意义。一直困扰哲学家的一个领域是“寻求我们可以在何种程度上掌控生活的意义”。这个问题的根基是自由意志的问题。

自由意志的中性定义是：个人有独特能力在行动过程中做出选择。与这些选择相关的是对错的概念、伦理问题、道德责任和行为责任。自由意志的特征使它矗立在宿命论原则的直接对立面。

“宿命论”（Determinism）是一个对科学、宗教、道德和法律有激进影响的概念。对宿命论的一般理解是：世界上的每一个动作或事件都是先天因素导致的。这种观点认为，现实是已经预先确定或预先存在的，因此，没有什么新的事件发生，因为所有的事情都只是源于其他事物的预先影响。如果宿命论是正确的，那么当下所有的事情都是不可避免的、不可改变的，将来的所有事情也会如此。在这种情况下，自由意志的行使和选择的自由，在严格意义上最多只是一种错觉，因为我们所有的行动都是我们无法控制因素的“产物”。或者换句话说，所有的事件都只有一个决定结果的原因。

宿命论的一种形式源于古希腊原子论学派（atomist school）的哲学家们，例如，德谟克利特（Democritus）和伊壁鸠鲁（Epicurus）（参阅“太多是否胜过不够”一节），相比于驱除普遍存在的关于命运和宿命的迷信，原子论者们不太关注审视自由意志的问题。现代宿命论根源于18和19世纪的科学发展，存在几个分支，例如“物理宿命论”（physical determinism）减少了人类同生物、化学或物理性质的相互作用的关系，并对神经心理学的发展起到了关键作用。

常见的分析自由意志和宿命论问题的方法是深入地研究一些术语内在的含义和复杂性，例如，“自由”“意志”和“选择”。通过努力定义“自由”所蕴含的意义，哲学家们一直在设法解决一些观点，例如“做其他事情的能力”或“选择的可能性”。这样的分析方法

（通过语言分析阐释意义）给一些现代哲学家带来了疑惑：如果自由意志和宿命论问题纯粹是语义上的事情，它们也将成为伪问题。作为回应，其他一些思想家分析了做决定时的复杂性，以及在探讨自由意志时语言的细微差别。

“形而上学自由主义”（metaphysical libertarianism）提出了另一个与宿命论相对的论点：某一些人确实拥有自由意志。美国哲学家和心理学家威廉·詹姆斯（William James，1842—1910）在《信仰的意志》中提出，自由意志的存在只是因为个人选择相信它会存在。这一观察结果让人们详细分析选择的本质，特别是人的能力，可以有意识地否定或肯定一些行动或欲望。

> **“如果神不存在，那么有必要创造一个出来。”**
>
> 伏尔泰，给《三个神秘人》作者的书信（1768）

英国哲学家托马斯·霍布斯（Thomas Hobbes）在《利维坦》（1651）中提出，自由（liberty）（他避免使用“自由意志”一词）是指行动时没有外部阻碍。对于霍布斯来说，只要我们没有受到外部约束或强制，自由意志就会存在。这种观点得到了当代哲学家们的回应，如美国的理查德·罗蒂（Richard Rorty），他清楚地界定了“意志”自由和行动自由的差异，进而界定了具有“选择可能性”的自由和认可这些选择的自由之间的差别。

可以说，所有人类凭借直觉（无论正确与否）来感知自由意志或“自我”的意义。现代心理学承认，在某种程度上，在我们性格的形成中自由意志与行为模式之间存在冲突。宿命论确实提出了一个令人灰心的命题：想想看，我们所有的行动和思想都是有因果定论的！会不会有一种替代？我们的行动或思想是否可以不是预先确定的？现代科学，从达尔文到量子力学理论，都在关注随机性问题，以及我们在概率或不确定性上施加的个人影响程度。然而，这不能完全解开宿命论的困境，因为随机性理论只可以提出自由意志的可能性，在反对自然万物预定宿命的论战中，它并不能算是一个凭证。

19 世纪 30 年代布拉格大学的两位哲学和神学教授，伯纳德·博尔扎诺（Bernard Bolzano，1781—1848）和弗兰茨·埃克斯纳（Franz Exner，1802—1880），在自由意志和宿命论问题上进行了长期辩论。身为天主教神父的博尔扎诺一直是一个在各种不同的主题上持有激进观念的人，他认为战争和冲突是不道德和徒劳无益的。

博尔扎诺和埃克斯纳最后认为，宿命论是否是真理不能基于统计学和数学得出，因为这些只是事实概率，而不是事实本身。博尔扎诺最终从教学岗位上被解雇，因为奥地利当局认为他的激进思想太具有颠覆性。在19世纪40年代后期，奥地利经历了一段改革时期，其目的是削弱天主教会的地位，尤其是其在国家机构中的地位。因此，弗兰茨·埃克斯纳能够帮助改变大学教育课程，他提出的第一批建议包含用概率作为一种教学方法，让学生们接受对个人生活进行管控并承担责任：行使自由意志。

人各有自己关于美的标准吗?

美学是哲学里研究美的本质的领域。什么让一些事物美丽?什么元素和形式的神秘组合让一些事物变得美丽,而不是平淡乏味、丑陋或枯燥?比较武断的论点认为美是完全主观的,完全是个人喜好的问题。至少在哲学语境中,基于这种观点的推理会得出错误的结论,因为它没有明确定义影响个人品味的因素是什么,而且首要的问题是我们如何获得了审美感知。

与西方哲学的几乎所有分支一样,美学根源于古希腊哲学家,特别是柏拉图的作品(Plato,约公元前428年至公元前348年)。柏拉图借其作品《大希庇阿斯篇》——这是柏拉图著名的著作集对话录——回答了“什么是美”。柏拉图描述了他的老师苏格拉底(Socrates)和诡辩者希庇阿斯(Hippias)之间的对话。苏格拉底告诉希庇阿斯(一个相当虚荣和傲慢的人),

他最近因为没有给出美的本质的清晰定义，而被一个不愿意透露姓名的人抗议，请希庇阿斯毫无顾虑地提出自己的看法。受到伟大的苏格拉底个人请求，希庇阿斯受宠若惊，并举出美的三个例子：美丽的女人、金子制造或金子修饰的物品、长期繁荣和健康的生活。苏格拉底驳回希庇阿斯举出的每一个例子——因为它们只不过是表面美的东西，而且这三个例子存在明显的矛盾点——并再次提出：什么是美本身？这让两个人开始审视更多的关于美的概念，例如，“是否美是指那些便利的、有用的或者在不同情况下有益的事物？”再一次，苏格拉底指出每个例子中的缺陷，并最终认为美可能会涉及感官意识——让人愉悦的视觉、听觉和嗅觉——尽管依然存在疑惑，到底这是否就真是美的精确定义。

《大希庇阿斯篇》里的对话并没有对美的本质给出一个清晰的定义，它提出，美可能会是在其本身之内。因此，柏拉图将美看成是他个人理想形式之一，即神圣完美的代表。在柏拉图所处的古希腊文明黄金时期，艺术关注以人为原型的神或神话的英雄，他们作为偶像一样被崇拜、喜爱和尊敬。苏格拉底的观点是：美在于它激发人们感官愉悦。这与古希腊观点一致，即爱是人类意识的最高境界。

柏拉图在《会饮篇》（约公元前385年至公元前370年）中，进一步探讨了爱与美之间的相关性。《会饮篇》是柏拉图的对话录中最宏大的，因为它发生在一个聚会上，而且不同参与者分析了多个方面的哲学命题。《会饮篇》致力于提出的美的含义融合在狄奥提玛（Diotima）的讲话中。

在《会饮篇》里，苏格拉底提到女祭司狄奥提玛的一番讲话，认为她是情爱方面的专家。狄奥提玛描述了真实地欣赏情爱如何让人从关注有吸引力的、美丽的肉体和个人，进而转移到关注美本身。这一步一步的转变被称之为柏拉图式的“爱的阶梯”。如果没有按照阶梯一步一步地往上走，就不可能到达爱的最高形式；也就是说，要先经历肉体的吸引。爬梯子这一隐喻的一种流行解释是，因为爱的旅程是对美本身的终极追求，人们会慢慢放弃以前所热爱和钟情的对象自身。

柏拉图和苏格拉底似乎对于美都持有一种偏袒的主观态度：关于美的所有知识，以及人们对美的知识的延伸，都是由自我经验和感官知觉来定义的。从这个角度而言，美在旁观者的眼中。如前所述，虽然“什么是美”这个问题的一些方面明显地困扰着苏格拉底，这仍然远远无法确定到底是什么因素的组合让一些事物变得“美”。

> **“无法用画面表现的，就是最美的部分。”**
>
> 弗朗西斯·培根爵士，《美》(1612)

苏格兰哲学家和历史学家大卫·休谟(David Hume，1711—1776)，在《论品味的标准》（1757）中试图分析这个问题。休谟关注一些批判性论点，以及这些批判性论点如何对抗一个相反的观点。休谟认为，给批判性论点蒙上阴影的一个重大问题是人们无法区分事实本身和情绪表达。例如，某一支足球队的热情球迷见证了球队展示技巧、平衡和运动能力的进球，认为这一进球是“美的”。但是，如果比赛中对方球队进了一个同样可以媲美的球，这些球迷不太可能有同样的反应。这是因为他们最初的判断受到了情感影响，所以这样的判断含有偏见。基于情感的判断没有任何明显的真理价值，因而，用休谟的话来说，也是“荒谬和可笑的”。

对休谟来说，审美品味和批判性论点之间的差异和对立通常是微小的。然而，在一般情况下，人们能辨别出一些更明显的美和品质，并做出反应。人们看到日落时常常感到很开心；但是，每天都有太阳落山，为什么今天的日落就比昨天的更美丽呢？休谟为了说明自己对品味间细微差别的理解，引用了塞万提斯所著《堂吉诃德》（1605）中的一个故事：两个人品尝一桶红酒，他们已经被告知这桶红酒是西班牙所有红酒中最好的。第一个人倒出一些酒，用舌尖进行品尝，并同意酒的质量很好，但好像有点铁味。第二个人闻了闻，也同意这是一桶高年份的酒，但是酒香里面掺有一些淡淡的皮革味。一些围观者调侃两人，并指责他们做出了错误的判断。然而，当红酒被大家喝得差不多时，在桶的底部出现了一个生锈的钥匙和一块皮革。休谟借用塞万提斯的作品来阐明他的观点：品味是一件精致优雅的事情，需要用冷静的方式才能练就。对休谟来说，审美判断不是确定一种观点是对的而另一种观点是错的，而是确定一种观点优于另一种。这种评判可以采用下面的标准：

> **“强烈的感知，与细腻情感融合，通过实践而提高，通过比较而完美，同时摒除所有的偏见，就可以单独对可贵的品质进行批判性评断……”**
>
> 大卫·休谟，《论品味的标准》（1757）

总之，美学已经被证明是古往今来的哲学探索中卓有成效的（如果可能的话）、迷人的领域。美学倾向于抛出更多的问题，而不是提供答案，并尽可能地进行尝试。实际上，几乎没有一个伟大的思想家曾经非常成功地从主观立场中逃脱出来——美，对美的欣赏，在很大程度上是个人的感知。

可以客观地经历世事吗?

哲学明确区分了“客观”（客体的）和“主观”（主体的）这两个术语。客体是指在时空里存在的东西，主体存在（通常为人类）有能力感知到物理形式的客体。哲学家将认识论问题集中在确定人类的心智（客观地）感知客体事物的程度，或者人类如何（主观地）感知他们所认为的事物。在这个意义上，“客观”和一些关于真理和事实的观点有着特别的关联，“客观知识”和“主观知识”之间的差异也同属认识论问题范畴。

约翰·洛克（John Locke，1632—1704）在他著名的“水桶实验”中阐释了主观感受与客观现实之间的差异。洛克准备了两桶水，一桶冰冷，一桶滚热。他把右手放进冷水桶、把左手放进热水桶，停留一会儿。接下来，洛克把两只手同时放进一桶温水中。右手感到了灼热，相反，左手却感到了寒冷。洛克推测，如果单凭心灵感知，可能会以不同的方式经历同样的“客观”事实，所以，两个独立的个人在面对同一事实时，也可能会出现两种不同的感知方式。

考虑以下情形：两位朋友见面后一起散步，一人穿着冬天的厚棉袄，另一人穿着夏天的薄夹克。他们打电话给在家的第三个人。第三人问这两位朋友外面天气怎么样。一个朋友说，天气是暖和的，另一个则说天气有点寒意。这将让第三个人陷入尴尬，因为他听到了两种不同的主观判断。然后，第三个人检查了窗台上的温度计，看到了指针在二十摄氏度，并由此认为天气是温暖宜人的，因此自己出门不需要穿厚重的大衣。

第三个人的判断是基于提供客观反馈的测量：对大多数人来说，二十度是相当温暖的。这里的问题是在多大程度上主体感知构成了客观事实：是不是只要有两个、三个、四个或更多的人感知到一些事物，就可以认为他们的感知是事实本身？洛克通过区分事物主要和次要特质的差异，解释了这个困惑。

“很可能我们找到的答案，之后某一天发现它是错误的。”

理查德·费曼，《科学与宗教的关系》

（加州理工学院基督教青年会午餐论坛上讲话，1956 年 5 月 2 日）

洛克是一个经验主义（empiricist）思想家，他不认可人出生时就有先天知识的观点。对洛克来说，人的思想从一张“白纸”或“白板”开始，经过自身经验填满各种观点。知识可以通过两种方法获得，洛克将它们称为“感知”和“反思”。感知涉及人的五官和由此带来的一些概念，如声音、气味、颜色、形状和口味。反思涉及我们的内心世界的发展过程：思考、记忆、推理和论证。我们借助对官能感知和反思的锻炼，形成了简单观念。这些点点滴滴的简单观念可以通过融合、比较或抽象形成关于这个世界更复杂的观念并延伸开来。总之，所有的观念，无论是简单的还是复杂的，都源于我们的经验。这些观念的形成与洛克关于特质的概念相关联，即特质源于感知。根据洛克的观点，特质是人们根据外在客体而创造出来的观念，就好像我们通过感官来感知它。因此，我们脑中的观念，就是客体所包含的特质。洛克将特质分为两类。第一类，“主要特质”，是所有客体所具有的各个方面，如大小、形状、材质和动态。第二类，“次要特质”，是客体可以添加或删去的部分，如颜色、声音、温度和纹理。两类特质的根本区别在于，“主要特质”与客体本身不可分离，而“次要特质”则可以分离。例如，你可以将一块木头砍成一半，但它仍保留其主要特质。但是，如果你在上面撒上一锅木焦油，你就会改变它的颜色。洛克认为因为次要特质可以被添加或删去，它们只属于人们主观感知的范畴。

洛克关于主要和次要特质之间差异的论述带来了一个有趣的提示，特别与人的感官相关。我们对事物的色彩感是由光线进入眼睛刺激视神经而产生的。然而，并不是颜色本身抵达了我们的眼睛，但是光线的基本元素：光子具有大小、形状和动态的主要特质，即使是静止时。这意味着，当感官与客体（主要特质）颗粒接触时，次要特质在本质上只是感官意识带来的观念而已。例如，用杵和研钵研磨香菜种子，色泽和香味才被释放出来。虽然视觉上种子已被改变成细粉末状，而不再是固体种子，但香菜种子的主要特质基本上保持不变：它们是粒子组成的物质。

因此，我们从客体次要特质中形成的观念并不等同于客体本身。我们对客体的感知仅限于感官的运作对象，我们需要继续往前探索的是我们自认为看到、闻到、听到、触到、品尝到的感知，他们与客体本身的特质没有直接关系。如果要客观地体验世事，我们必须能够区分出事物本身和我们对它们的看法，而这几乎不太可能。

艺术是什么?

我们常常听到一种陈词滥调，即一个对自己的观点有自我意识的人说：“我对艺术不太懂，但我知道我喜欢什么 。”仅从论点出发，这反映了主观性的穷途末路，在某种程度上，它呼应了柏拉图对美的理解（参阅“人各有自己关于美的标准吗”一节）。柏拉图认为，苏格拉底将美定义为点燃我们感知愉悦的事物；古希腊艺术关注对完美圣像对应的神和神话英雄的描绘，进而认可了“艺术作为美”和“美作为艺术”之间的关联性。艺术的这种理想化观点很难在实际中应用，例如，它无法解释文艺复兴时期的宗教艺术对暴力行为的生动描绘。一些油画，例如，鲁本斯（Rubens）的《上十字架》、格鲁内瓦尔德（Grünewald）的《嘲弄基督》和卡拉瓦乔（Caravaggio）的《耶稣下葬》，描绘了《圣经》中记载的耶稣所受的骇人听闻的酷刑，这些绘画很难让人在欣赏它们的时候体会到任何感官愉悦：作为祭坛绘画，它们展示了宗教殉道者的痛苦遭遇。然而，这三幅名画的作者都是公认的艺术大师。

1897 年，俄国小说家列夫·托尔斯泰写了一篇长文，分析到底是什么构成了艺术。《什么是艺术》没能够通过俄国的审查，最初只能以英文译本发表，这主要是因为托尔斯泰表达了一些备受争议的观点。文章一开始托尔斯泰就攻击了传统观点，即所有关于美的判断都是主观的。但如果认为美是客观的，就必然要求每个人都以同样的方式看待事物。如果美可以在自然界的完美中找到，那么我们追求艺术又有什么必要？托尔斯泰观点的主要论点是艺术观既是客观的也是主观的，他并没有给出艺术的核心定义。

托尔斯泰在很大程度上借鉴了法国艺术理论家尤金·贝隆（Eugène Véron）的理念，特别是贝隆的著作《美学》（1879 年）中对艺术的定义。贝隆认为，尽管很多艺术可以被认为是美的、赏心悦目的，但美不是艺术的主要特性。艺术不仅仅是漂亮的绘画或是令人赞赏的声音和文字。艺术是人类思想和情感的表达，而且，艺术是人们交流各自观点的媒介。但是，对于托尔斯泰来说，艺术作为一种表达依然是不够的：这种表达还必须能够成功地抵达观众的内心，人们欣赏绘画或听交响乐时，应该有与创作这些作品的艺术家们同样的感受。这一观点以反传统的方式，让托尔斯泰有充分理由被列入所有他所不喜欢的“艺术家”（歌德、贝多芬、莎士比亚）行列之中。托尔斯泰总结出“好艺术”和“坏艺术”之间的差异，即“好艺术”可以成功地传达情感和观念，而“坏艺术”却不能，因为它们是混乱的、假的和令人困惑的。远离对美的狭隘分析，这一结论是合理的。

弗里德里希·尼采（Friedrich Nietzsche，1844—1900）在其作品《悲剧的诞生》（1872）中通过分析古希腊戏剧尝试发展艺术的定义。尼采认为人类生活一直不可避免地在两种对立状态中挣扎，他以古希腊神话中的阿波罗（Apollo，日神）和狄俄尼索斯（Dionysus，酒神）命名这两种相反的力量。日神力量的特点是以安静的形式存在的富有远见的梦想力量，如古典雕塑、音乐作品中的和谐与平衡，典型的现代例子当属毕加索（Picasso）和蒙德里安（Mondrian）的“抽象立体主义”（abstract cubism）。与此相反，酒神力量呈现出无序和疯狂。狄俄尼索斯的艺术要求纵情狂欢，尼采认为中世纪节日的野性民间舞蹈就是一个典型的例子。摇滚吉他手吉米·亨德里克斯（Jimi Hendrix）奔放的演出或“虚无主义”（nihilistic）艺术家达米安·赫斯特（Damien Hirst）的作品，它们包含了狄俄尼索斯艺术的典型元素。然而，对尼采来说，真正的艺术推动力来源于两种对立力量之间的冲突，和占领彼此空间而造成的紧张关系。回到上面的例子，吉米·亨德里克斯是一个非常有才华的音乐家，他对标准蓝调音乐有着无可挑剔的掌控力（阿波罗力量），同时又用不同寻常的节奏变化和生机勃勃的演奏风格（狄俄尼索斯力量）颠覆了前者。同样，毕加索花了几年时间研习艺术创作的技术手法后，开始了他自己独特的颠覆式的抽象形式和视角。尼采认为，古典艺术以阿波罗形式呈现的宁静和美丽，促进了秩序和和平，但是它们也应该被看做是对同样存在于世界上的黑暗压迫力量的理解和反馈。用尼采的话来说：“人们（希腊人）要遭遇多少，才可以创造出如此的美！”

> **“艺术，抑或抄袭，抑或革命。”**
>
> 保罗·高更（1848—1903）
>
> 摘自尼克的书《距离的凄美》（1913 年）

那么，什么是艺术？苏格拉底的观点是艺术和美相关，因为它们都激发并引起人们的感官享受。托尔斯泰否定了这种观点，认为它过于主观，并认为艺术可以表达人的思想和情感。尼采区分了日神力量和酒神力量，并用它们作为区分和评估艺术作品的方式。鲁本斯对耶稣受难的描绘同时包含了两种力量元素，因为这幅作品既气势恢宏又令人咋舌。也许尼采的解释最接近文艺复兴时期宗教艺术中的暴力与美的混合。

“一些时候，事情并不都是正如一个人主要期望相信的那样便于理解和传达；很多事情无法表达出来，当它们发生在一个没有语言的领域里，而且一些艺术作品比另一些作品更难表达，例如神秘的存在物，我们过世后的生命。”

莱纳·玛利亚·里尔克（Rainer Maria Rilke），

《给青年诗人的信》（1929）

《喷泉》是马塞尔·杜尚1917年的作品。这个“雕塑”是杜尚从商店买来的一个陶瓷小便池，杜尚将这一作品提交到独立艺术家协会并试图参加在纽约的展览。杜尚的这一作品被认为是个恶作剧，它讽刺了当时艺术世界里的浮华。然而，《喷泉》已经被艺术评论家公认为20世纪最有影响力的作品。

虽然很多人都熟悉《喷泉》的理念，但是几乎没有人真正见过它的实物。独立艺术家协会拒绝展示原始版本的小便池，所以在被拍摄下来之后，它可能就被丢弃了。20世纪20年代初，杜尚的《喷泉》引起了很多关于什么构成艺术的讨论，可以说这是一个极好的例子：艺术只是一个想法，尽管可能十分愚钝，艺术也不必然只是一件物品而已。

如何知道亲身的经验意识和别人的相同?

从外表看来所有的人基本上都一样，这是一个普遍的信念。我们同样活着、呼吸、吃饭、睡觉，共享着相同的和必要的生物功能。许多哲学家认为，人类有意识的思维能力是使人类与其他动物区别开来的关键因素（参阅“动物有权利吗”一节）。

我们每个人的心灵都有内在生命——思想、信念、情感和情绪—— 而且，尽管我们不能完全相信自己知道其他人在任何既定时间里的所思所想，但是我们确定他们有能力去体验和我们一样的经验意识。但是支撑这种确定性的是什么？我们怎么知道别人跟我们一样感受这个世界？此外，我们怎么知道有其他心灵存在呢？在哲学上，这个问题被称为“其他的心灵问题”，并与“唯我论”（solipsism）联系在一起。

“唯我论”是一种信仰，相信真正存在的事物，或者更准确地说，我们能够“知道”真正存在的事物，只有我们自己的思想。英国“功利主义”（utilitarian）哲学家约翰·斯图亚特·穆勒（John Stuart Mill）在《威廉·汉密尔顿爵士哲学的研究》中，提出知晓其他思想存在的认识论问题。穆勒认为，通过推理和类比的方法可以确定除了我们自己的思想之外，还存在其他的思想。穆勒以笛卡尔（Descartes）的名言“我思故我在”作为起点，认为我们对意识的理解完全源于我们自己的思想。然而，为了论证其他人的思想跟我们自己的思想类似这一观点，我们需要在我们的思想和他人的思想之间找到相似之处。如果我们可以认识到其他人的某些特定心理属性对应于我们自己的，就可以推断存在其他类似于我们自己的思想。

“我的结论是其他人有和我一样的感受：第一，因为他们有跟我一样的肉体，在我而言，这是情感的前提条件；第二，因为他们表现出的行为和其他外在标志，在我而言，这是由情感引起的。”

约翰·斯图亚特·穆勒，《约翰·斯图亚特·穆勒作品集》第九卷，《威廉·汉密尔顿爵士的哲学研究》（1865）

因此，我们得出我们的认识，并根据我们对自己思想的运作的理解和类比来论证其他思想的存在和运作。穆勒的类比推理概念称霸哲学界，直到20世纪中叶，路德维希·维特根斯坦（Ludwig Wittgenstein，1889—1951）的遗作《哲学研究》（1953）出版。维特根斯坦反对穆勒的观点，因为穆勒在他的作品中声称，他的结论符合“实验探究的合理原则”。

“如果我说我自己，它仅是从我自己的个案出发，我知道‘痛’这个词是什么——我不能说其他人也相同吧？我怎么能如此不负责任地根据一个个案就得出一个概论呢？”

路德维希·维特根斯坦，《哲学研究》（1953）

对于维特根斯坦来说，穆勒并没有反驳唯我论的概念，反而在不经意间认可了唯我论。以人的疼痛概念为例，维特根斯坦认为，因为他人对于疼痛的反应方式和我们一样，我们就推断另一个人对于疼痛的感受和我们相同，这种说法只不过是将自己对疼痛的理解归于他人而已。这并不能证明他们以你的方式感到疼痛，反之亦然：

“我能知道别人处在痛苦之中，因为他们表现出跟我一样的习得的疼痛行为，但我并不知道他们感到的任何疼痛是否达到可比较的程度。”

路德维希·维特根斯坦，《哲学研究》（1953）

《哲学研究》主要关注语言和意义使用上的混乱。维特根斯坦分析了作为话语使用的“公共语言”（public language）和心灵层面可能的“私人语言”（private language）之间的假定差别，并得出结论：所有精神运作都与我们对语言的理解相关，语言的理解是一种社会性习得。因此，私人语言并不存在，因为为了让它存在，就必须要求其他人没有办法进行传译（否则它就会成为公共语言）。

回到最初的问题：我们是否知道或者在什么程度上知道别人的所思所想和我们一样？维特根斯坦认为，只有通过语言的棱镜和一些标准的应用可以回答这个问题。维特根斯坦使用隐喻“空转轮”来形容独立于其所在语境而存在的思想理念：“车轮可以转动，但没有别的与其一起转动。”想想某个时刻，例如，当你是某个正在聊天的社群中的一员时，有人说了一些东西、表达了一些想法，就像你正准备说的一样。这只是因为你正参与到话语的“公共语言”中，虽然你同时拥有了同样的想法，这并不意味着你经历过的意识和他人一样，你只是在同一时间加入了话语的言语中而已。

如何鉴别对与错？

在哲学领域，思考正确与错误之间的区别常被认为是一个“认知可能性”（epistemic possibility）的问题。对于这个命题的评断常常基于我们知道什么是对的（或者至少是我们“认为”我们知道）。例如，我们知道为了活下去，我们必须喝水吃东西；因为如果被剥夺了这些基本需求，我们最终会死去。这是一种“认知必要性”（epistemic necessity）：根据我们对存在事实的理解，一些事情是正确的。但是，如果你观察一个小孩子正在画风景画，并问他打算用什么颜色描绘天空。他回答“蓝色”，这一点也不奇怪；但是，当你再问孩子为什么，他很可能会傲慢地对着你笑，并说：“因为天空是蓝色的啊。”孩子表达的是一种“认知可能性”——在他们有限的知识和经验基础上，他们认为他们知道什么是正确的和真实的。“啊，”你狡猾地说，“但是夜晚的天空是什么颜色的呢？”孩子会沉思一会儿，然后很肯定地告诉你，他画的只是白天的天空，如果他想画夜晚的天空，会用紫色和蓝色。“不是黑色？”你继续问。孩子暴躁地回答“不是”，并解释道，严格地说，天空永远不会是黑色的，如果没有足够的光线来刺激我们的色彩意识，它只会显示为黑色而已。孩子指出黑色的天空是一种“认知不可能”（epistemic impossibility），所以是错误的，如果你需要任何进一步的证据，请去看看埃尔·格列柯（El Greco）描绘喜怒无常的天空的画作。

上面的例子清晰地说明以下两种情况之间的差别：根据我们的知识和经验而去相信什么是正确与错误的，以及根据我们对可获得事实的感知而去认为什么可能是正确和错误的。当涉及道德和伦理问题时，区分正确和错误变得更加复杂。“道义论”（deontology）是哲学的一个领域，主要探讨的问题是，在一套有约束力的规则和原则之下个人应该如何行动。道义论早期的表现形式是“宗教道义论”（religious deontology），来源于对宗教文本的阐释，如旧约圣经里的《十诫》。“道义论”这个词源于古希腊词“demo”，其含义为责任或义务。“宗教道义论”要求个人服从宗教法律和原则，如“不可杀人”。

德国启蒙哲学家伊曼努尔·康德（Immanuel Kant，1724—1804）在其著作中特别提出了“世俗道义论”（secular deontology）。不同于宗教道义论，康德道义论中的规则（或格言）建立在人的理性能力之上。康德的理论也不同于其他世俗道义论体系，如“功利主义”（utilitarianism）和“结果主义”（consequentialism），因为这些理论根据行动结果来质疑对某一行动道德价值的判断。功利主义创始人，英国的杰里米·边沁（Jeremy Bentham）在1789年发表了《道德与立法原理导论》，1863年穆勒在《功利主义》中发展了这一理论。他们认为快乐是最高的理想，是绝对的好；一个行动的道德价值可以通过给最多数的人带来最大化的幸福和快乐来衡量。结果主义是功利主义的变体，主张行动的最终结果或最终目的决定了它的道德有效性，而无论行动本身是好还是坏。或者，简单地说，结果证明方法的正确与否。康德的道义论反驳根据结果来判断一个行动的对与错的结果导向的观点。对康德来说，一些行为永远是错的，无论最终结果如何（反之，错误的行动常常有好的结果，这与理性过程相抵触）。康德认为，人类与动物相反，有独特的理性思考的大脑，而且恰恰是这种能力驱使我们必须根据道德律法行事。人的欲望和情感并没有提供理性基础来判断对与错，然而道德，如果来自于纯粹理性，就会自动成为指导我们判断对错的框架。康德认为这样的道德准则就是绝对命令；也就是说，本质上良好的、公正的和不受外部因素影响的人类行为是合乎道义的。

第一原则

> **“只按着那种你同时也希望它变为普遍规律的准则行动。”**
>
> 康德，《道德形而上学基础》（1785）

绝对命令由三条相互捆绑的原则组成。第一原则将道德选择分为两类：完全和不完全的职责。完全职责是适用于任何理性人，并且不受外部条件和环境影响的普遍规律。不完全的职责取决于当时的情况，所以有待于进一步的分析，因此也会引起争议。从表面上看，绝对命令的第一原则似乎跟黄金法则（golden rule）或互惠伦理（ethic of reciprocity）有惊人的相似之处：“己所不欲，勿施于人。”然而，黄金法则需要检测其所在的环境，所以不能认为是个普遍原则。例如，如果你不希望别人打你，就不要打别人，但是，如果你是出于自卫而还击呢？

第二原则

> **“你要如此行动，即无论是你人格中的人性，还是其他任何一个人的人格中的人性，你在任何时候都将其作为目的，而不仅仅作为手段。”**
>
> 康德，《道德形而上学基础》（1785）

第二原则指出，任何行动选择，为了合乎道义，都需要将自身看作结果。人的自由意志应该认识到对他人的行为和义务。利用别人作为达到目的的手段，不管可能达成的结果多么诱人，都是在否定人们自己的自由意志和行为。因此，重要的是追求的对所有人平等和公平的结果，而不仅仅只注重短期的个人目标。

第三原则

> **“因此，每个理性人在行动时都应坚持准则，并始终在目的王国中扮演立法者的角色。”**
>
> 康德，《道德形而上学基础》（1785）

第三原则是从整体上对全部准则作的完全总结。因为如果准则不是普遍的，它们就会导致不稳定和矛盾。

康德道德准则最明显的作用在于对谎言的控制。因为撒谎会破坏真理和信任，所以在任何情况下，撒谎都是不对的；如果每个人都说谎，就没人会再相信别人。举个例子：你去探访生病的亲戚或朋友，路上经过一个公园，正巧看到了很多漂亮的野花。你知道你的朋友很爱花，但是，如果每个人都从公园里摘花，那么接下来人们在公园也欣赏不到什么花了。因此，虽然摘花的动机是善良和体贴的，但是在道德上它却是错误的行为。

“善与恶，奖与惩，是理性动物的唯一动机。”

约翰·洛克，《教育漫话》（1693）

应用康德道义论区别正确与错误的观点时，有一个主要问题，即他拒绝接受以结果作为正当的理由。虽然仅仅依据结果来判断某个行动的道德价值是有缺陷的（参阅“快乐是什么？”一节），但是完全否定结果的参考价值也似乎与常识相违背。

疯子手中的斧头

“疯子手中的斧头”是康德道德哲学最著名的测试之一：一天深夜，有人敲你的门。你打开门，面对一个举着斧头的男子，他想知道你一个亲密朋友的下落。你确切地知道朋友在哪里（他正躲在你楼上的床底下）。你是告诉那个挥舞着斧头的疯子你朋友的藏身之处，还是说谎，送走他，让他到别的地方找找？大部分人毫不犹豫地选择了第二种做法。康德坚信说谎违背了绝对命令，不管结果如何，必须说真话。虽然那个持着斧头的疯子可能砍伤你的朋友，极有可能也会以同样的方式对你，但是至少你在死去时知道自己在道德上的纯洁和正义。但是，如果你说谎，而又如果你的谎话也事与愿违，那么道德上你要为谋杀结果负责，因为你打破了绝对命令的第一原则。

绝对命令和第二次世界大战

“正确与错误”和康德绝对命令理念的矛盾之处，在二战期间的德国展现出来。迪特里希·潘霍华（Dietrich Bonhoeffer）是一位著名的神学家，因同伴计划刺杀希特勒失败，潘霍华被监禁和处决。潘霍华遗留下的作品，特别是他的信件和讲稿，显示出他在以下道德问题上的纠结：如果杀人本身在道德上是错误的，是否可以为了挽救数百万人的生命而接受杀一个人？潘霍华最终的决定可能是，在这种极端情况下，杀人是可允许的，但并非没有保留意见，下面的摘录源于他关于道德和伦理尚未完成的工作：

“当个人出于必担之责而为自己感到内疚，他将内疚归于自己一人身上，并为之负责到底……他的行为将得称为义：对别人来说，它们出于必须；对自己而言，它们出于良心；而在上帝面前，他只渴求慈悲与恩泽。”

康德的绝对命令也成了在审讯犹太人大屠杀主要负责人阿道夫·艾希曼（Adolf Eichmann）过程中争论的焦点。艾希曼用以应对多项危害人类罪行指控的辩护理由是他只是听从了命令：自己不是那个亲自发号施令的人，只是执行命令而已。在审判过程中，艾希曼使用了各种策略来为自己的立场辩护，其中之一就是试图借用康德的绝对命令观点，而将这场起诉引入到关于道德责任的哲学争论中。艾希曼自称是康德普遍道德观的忠实追随者，但更高的权力限制了他行使自由意志的能力。公诉方拒绝接受艾希曼自命不凡的、失真的道义论，1962 年艾希曼被定罪，并在耶路撒冷被处决。

康德（1724—1804）

康德1724年出生于普鲁士的柯尼斯堡（现属俄罗斯）。他是一个狂热的学者，有着永不满足的求知欲。康德的一生几乎都在家乡度过，在当地的大学学习和执教。康德最著名的著作基本都是关于道德哲学和伦理学的，同时康德也是一个具有杰出能力的科学家，他在数学、天体物理学和自然科学等方面取得了一些重要发现。尽管康德生前在大学讲授人类学，但直到最近，他人类学方面的作品才引起关注。在康德逝世后近两个世纪的1997年，康德的人类学演讲稿才首次在德国发表。

与许多同时代的学者一样，康德发表的关于事物本质与自由意志的作品，在生前遭到了广泛批评和质疑，但却对西方思想的发展带来了深远的影响。康德关于道德和伦理最著名的作品有《道德形而上学基础》（1785）、《实践理性批判》（1788）和《道德形而上学》（1798）。

自欺是什么?

“存在主义”（Existentialism）之所以战后在法国成为一场著名的哲学运动，与让-保罗·萨特（Jean-Paul Sartre，1905—1980）和阿尔贝·加缪（Albert Camus，1913—1960）的著作相关。存在主义的核心原则是强调个人经历的独特性和彼此隔离。个人的生活经验和自身的存在定义了我们。萨特在存在和本质之间做了清晰的区分，他将前者（存在）放在首位。存在主义重点关注个人的自由选择和责任。这种自由需要我们考量个人行为的结果，以及这些结果如何影响我们的性格和自我意识的发展。一个人如何行为决定了他存在的特征。例如，如果一个人选择了残酷和自欺行为，他就将自己定位为残酷和自欺的人，同时必须对这种行为带来的后果承担责任。另一方面，如果一个人选择了善良和体贴行为，他将自己定位为善良体贴的人。个人在本质上既不好也不坏：他们通过行动来界定自己。

萨特对哲学感兴趣，源于他读了亨利·柏格森（Henri Bergson）的论文《时间和自由意志》——这篇文章是柏格森1889年首次出版的博士论文的一部分。萨特在他家乡的巴黎高等师范学院学习哲学，在此期间对一些学者的观点特别感兴趣：丹麦的索伦·克尔凯郭尔（Sφren Kierkegaard，1813—1855），德国的埃德蒙德·胡塞尔（Edmund Husserl，1859—1938）和马丁·海德格尔（Martin Heidegger，1889—1976）。1929年萨特遇到了就读于巴黎大学的西蒙娜·德·波伏娃（Simone de Beauvoir），他们成为了终身伴侣。虽然他们两人都来自于“资产阶级”家庭，但萨特和波伏娃抱有强有力的政治信仰，这体现在他们关于社会本质和个人地位的著作里。

萨特哲学的关键是两股相反力量之间的紧张和冲突：一股力量是尝试在社会团体中界定个人；另一股力量，萨特界定为自我决定最基本的真实性。为了实现真正的存在，个体必须承担所有自由选择的行为带来的责任。萨特承认，这种完全自由的选择并非没有危险，在任何情况下都需要做出正确选择的负担，往往会导致个人进入“存在痛苦”的状态。

错误选择的做出——基于强加的意识形态和客观规范而做出决定——反映出人类并不真实的存在，具体体现就是萨特所描述的自欺。与自欺在存在主义中的概念遥相呼应的是马克思主义的“错误意识”，也就是说，通过物质、制度和意识形态，资本主义社会控制和操纵无产阶级的方式。萨特认为，意识形态模糊了个人自由思考的能力，从而降低了个人自主性和有意义行动的可能性。

生活在自欺中就是否认我们是自由的、我们要为自己是什么、做什么承担责任，事实上，存在的本质决定了我们。自欺拒绝承认我们拥有自由意志，主张宇宙中的一切都是因果决定的，因此，我们仅仅是环境的受害者，没有真正的自由。为了生活在真实存在的状态中，萨特认为，个人应该忠于自己的信仰和理念。这就需要我们选择和行动，无视外部强加的意义。生命的价值只能够通过每个人拥有的自由选择的信念衡量。

“人首先存在，遇见自己，随生活起伏，而后定义自身。”

让-保罗·萨特，《存在主义是一种人道主义》(1946)

萨特1943年的著作《存在与虚无》第一次讨论了自欺。在战俘时期，萨特读了海德格尔的《存在与时间》（1927年），海德格尔有关“虚无”的观念对萨特的思想有着清晰的影响（参阅“为什么是存在而不是虚无”一节）。萨特借用海德格尔的术语“实际性”来描述一个人的存在和构成他们身份的显著事实（出生日期、性别、宗教、地理位置和死亡的必然性），并认为这些事实阻碍了真正的自由、责任和真实性。例如，如果一个人出生在德国，很可能他长大后会说德语。但是，如果他此后前往法国，并选择在余生中只讲法语，那么他就否认了自己母语的实际性。这是萨特术语“否定”的一个例子，通过否定（拥抱虚无）个人可以克服实际性带来的逆境。通过否定或者对我们日常生活经验之“虚无”性的自觉思考，我们可以将实际性颠覆为“虚无”，并为自己行为提供意义。

我们不会逮捕当代伏尔泰

强调否定和拒绝遵从的萨特哲学，为法国20世纪60年代和70年代的反文化运动提供了智力和哲学指引。除著有大量学术和文学作品，萨特还是一个终身政治活动家，一个坚定的马克思主义者（虽然他从来没有加入共产党）。萨特公然反对法国在阿尔及利亚的殖民统治，极力反对越南战争，并在古巴拜访了菲德尔·卡斯特罗（Fidel Castro）和切·格瓦拉（Che Guevara）。他也是20世纪60年代巴黎学生运动中一个突出的代表人物，并在1968年5月的国内动乱（“五月风暴”）中被逮捕。戴高乐（Charles de Gaulle）总统干预了此事，赦免了萨特，理由是“我们不会逮捕当代伏尔泰”。

杯子是半满抑或半空?

大众心理学的支柱，如自我提高类书籍和生活指导类书籍，面临着一个典型的困境。书店货架上堆满了类似的书，例如《如何在商业中寻求成功》，或《25 条帮助你通往理想人生目标的路径》，几乎所有的人都会在某个时刻讨论“正面思考”（positive visualization）的概念。“杯子是半满抑或半空”这个问题是正面思考的典型例子，它的内在假设是，如果一个人认为杯子是半空的，则他更倾向于悲观主义；而如果一个人认为杯子是半满的，则他对这个世界抱有更乐观的态度。

不难想象苏格拉底让他的学生在古希腊雅典的集市广场柱廊下集合，并勉励他们讨论葡萄酒瓶是半满还是半空的情景。然而，这一问题的框架是比较现代的。尽管如此，在历史中很多哲学家已经对人类生活和社会的乐观或悲观哲学进行过分析和讨论。

古希腊和罗马的斯多葛学派

许多哲学家都探讨了快乐与实现需求和欲望之间的关系。古希腊（及其后的罗马）的斯多葛学派采取一个有趣的方法来理解快乐，表面上，可以说它反映了“半空”的观点，但仔细观察会发现事实不仅于此，其观点更深刻、更复杂。

被称为斯多葛主义的哲学学派，由雅典街头教师季蒂昂的芝诺（Zeno of Citium）于公元前300年创立，其观点得到了一些著名的罗马作家、哲学家和学者的欢迎，如小西尼加（Seneca the Younger）、爱比克泰德（Epictetus）和马可·奥勒留皇帝（Marcus Aurelius）。斯多葛学派哲学的基本原则是美德应遵循万物的自然秩序：古希腊人称之为“逻各斯”（logos）的宇宙原则。我们每个人都面临着消极的、具有破坏性的因素和情绪，无论是内生的还是外生的，它们超越了我们能够影响和控制的范围。斯多葛学派建议我们必须发展安宁和平静的状态，一种与宇宙合而为一的状态，斯多葛学派将这一状态描述为“纯美德”；人们可以通过仔细检查各种不利的外部因素并接受杯子的半空，来达到这种状态。

> **“要像一块岬角的岩石，任凭海浪不断冲击，只要本身屹立不动，四周汹涌的浪涛不久就会消沉下去。‘我的运气真不好，竟遭遇到这样的事！’不，应该这样说：‘我好幸运，虽然遭遇这样的事，我并未受伤，对未来亦无恐惧。’类似的打击可能落在每一个人头上。可是并不见得每一个人都能不受到它的伤害。”**
>
> 马可·奥勒留，《沉思录》（约 170—180）

吵闹的邻居

不利的外部环境会让我们愤怒、嫉妒、焦虑和痛苦。举一个例子，最近刚搬来的吵闹的邻居、周末喧闹的派对、散落在人行道上的垃圾袋，这些都引起你的压抑和烦恼。然而，斯多葛学派认为，任何引起负面情绪的因素，实际上都存在于个人内心，年轻人欢聚的喧闹声不应该成为我们愤怒的原因，新邻居不符合我们严格的清洁标准亦然。将我们对他们行为的主观诠释认定为他们缺乏对他人的体贴和关心的证据，这种想法非常傲慢，而且非常伪善。

斯多葛学派关于吵闹邻居的观点是，在我们心灵以外，并没有什么可以定义为正面或负面的；造成困扰的原因是我们对超出了自身直接控制的状况的信念和意见。我们可以向当权者反馈邻居的反社会行为方式，或者采用更极端的做法，用暴力威胁我们的邻居。对于斯多葛学派来说，这些行动都将成为一场灾难，因为这将让我们远离宇宙自然秩序中的宁静状态，并会引起我们不断增加的心理和情感焦虑。

哲学乐观主义与哲学悲观主义

斯多葛学派采用个人视角对杯子是半满还是半空的问题发表了看法，两个著名的德国哲学家通过审视周围世界的整体本质，让这个问题有了更宽泛的视角。哲学乐观主义的主要倡导者是十七世纪德国学者戈特弗里德·威廉·莱布尼茨（Gottfried Wilhelm Leibniz，1646—1716）。莱布尼茨在广泛的学科领域里都有重要著作，从数学、物理和逻辑，到政治和哲学，也许他最有说服力的贡献是发展了数学分析中的微积分（与艾萨克·牛顿爵士同时）。

莱布尼茨的主要哲学著作是《神义论》（1710），该书对以下问题做了长篇理性分析：好的神如何能创造这样一个充满罪恶和磨难的世界？莱布尼茨的结论是，将所有可能的因素都考虑在内，神创造的是他已经能够创造出的最好世界。如果我们接受一个基本前提：神是全能的和全善的，这意味着神不会故意创造出一个糟糕的世界。莱布尼茨认为，世间的不完美是它的整体设计和经久不衰之美的一部分，例如音乐，一些最美妙的音乐是通过将一些不和谐元素组合成连贯的整体创造而来的。因此，莱布尼茨说："我们生活在一切可能世界里最好的一个。"

"乐观的人看到了绿灯无处不在，而悲观主义者只看到了红色信号灯。真正有智慧的人是色盲。"

阿尔贝特·施韦泽（1875—1965）

与之相反，亚瑟·叔本华（Arthur Schopenhauer，1788—1860）在《作为意志和表象的世界》（1818）一书中概述了哲学悲观主义。在叔本华的世界里，杯子几乎是空的，他将人天生注定要受苦作为生活的指导原则。持续不断的需求和欲望——如生存、避免不安和释放烦恼——引发人类意识中的普遍不安，进而使人们遭受磨难。

叔本华将这种内心的挣扎和躁动定义为无止境的

“求生意志”。对食物和住处的需求、对邪恶力量的防护、安全感、性欲和生育需求，都是这种“意志”的表现，而理性只是为我们基本的需求和欲望进行辩护的过程。通过描绘人类与自然世界中的动物之间的区别，叔本华认为，繁殖周期是个无止境的过程，注定要么无限期地继续下去（求生意志带来永远的痛苦），要么最终因为缺乏维持生活所必需的资源而灭绝。因此，人的一生有两个选择，要么毫无意义地、无休止地继续痛苦周期，要么面临毁灭。

叔本华的早餐

叔本华终其一生中保持着与19世纪初德国另一位伟大哲学家——格奥尔格·威廉·弗里德里希·黑格尔（Georg Wilhelm Friedrich Hegel，1770—1831）——的激烈竞争。他们之间的竞争始于一次就黑格尔提出的“时代精神”（zeitgeist）概念展开的智力争论，但随后很快就演变为相互谩骂和侮辱。1819年，叔本华接受了他的第一个也是唯一的柏林大学学术职位，只是因为黑格尔也在那里工作。他采取的一次相当幼稚的、试图引发人气竞赛的尝试是特意将自己的讲座时间安排得与黑格尔的时间重合。然而，他的计划事与愿违，黑格尔被证明在挑剔的学生知识分子中更受欢迎。在职不到一年后，叔本华离开了柏林大学。

生活的痛苦和德国学术机构故意压制其作品的行为，让叔本华从公共生活中退步，并在法兰克福与他的宠物贵宾犬共处，过完了余下的二十年。他晚年所写的论文和笔记在他死后得以出版；这些作品的特点是虚无主义的忧郁，这些作品对尼采的哲学思想有很大的影响。一篇收集在叔本华遗作集《老人们》中，关于逐渐老去本质的令人难忘的文章里，叔本华建议每个人都应该在早餐时吞下一只活蛤蟆，以确保他们在接下来的一天中，不会再遭受如此令人沮丧的经历。

快乐是什么？

哲学著作中关于快乐的观点大致可分成两类。一类是为追求个人愉悦的享乐主义快乐观，关注增进愉悦用以抵御内在的悲伤和痛苦。另一类快乐观涉及个人的道德和伦理观念，更实际地说，关注如何过上快乐生活的问题。

苏格拉底的学生，昔兰尼的亚里斯提卜（Aristippus of Cyrene，公元前435年至公元前356年）第一个提出了享乐主义快乐观。亚里斯提卜与其他希腊哲学家一样，参与讨论一个问题：哪里可以找到人类思想和行为的实现价值。对亚里斯提卜来说，感官的快乐是快乐中最重要的，应被视为快乐目的本身，而不是为了达到快乐的手段。亚里斯提卜反对为了未来的计划和理想而推迟现在可得的愉悦，而应该一直享受着目前可得的快乐。成书于公元三世纪的编年史《名哲言行录》的作者，第欧根尼·拉尔修（Diogenes Laërtius）将亚里斯提卜描绘成由欲望驱使的男人，一个沉迷于一切可能欲望中的人。然而，罗马抒情诗人贺拉斯（Horace）认为亚里斯提卜哲学并不是如此简单、鲁莽、放纵的享乐主义，而是一种强调让环境适应于个人目的，而非让个人妥协于环境的理念。哲学家伊壁鸠鲁（公元前341年至公元前271年）进一步发展了以愉悦作为快乐中心的享乐观，虽然他经常被视为享乐主义者，但是他的方法更温和，且更具有伦理色彩（参阅“是否太多好过于不够”）。

第二类快乐哲学，关注如何过上快乐的生活，与快乐和知足的概念相连，而不强调快乐和喜悦稍纵即逝的瞬间。这类快乐观关注的问题是在何种程度上追求个人快乐会影响到个人的美德。亚里士多德是最早分析快乐道德问题的哲学家之一。

亚里士多德是人类思想史上的杰出人物。他对宽广得令人称奇的学科范围做出了宝贵的贡献，包括物理、形而上学、诗歌、戏剧、音乐、逻辑、修辞学、语言学、政治和政府、伦理学、生物学和动物学（他的学科分类方法沿用至今）。亚里士多德在哲学领域的主要贡献是形式逻辑和演绎推理。三段论原则是亚里上多德方法论的中心。简言之，三段论是一个命题加上两个假设前提。为了让命题为真，两个假设前提必须有效和真实。亚里士多德的著名例子，如下：

所有的人都会死。

苏格拉底是一个人。

因此，苏格拉底会死。

亚里士多德关于快乐的讨论，包含在一组“吕克昂学园”的教学卷轴中，该学园是亚里士多德在雅典创立的艺术和科学学院。这份被称为《尼各马科伦理学》（公元前350年）的卷轴回答了什么构成了好的、具有美德的生活。亚里士多德将快乐的概念等同于希腊词汇“eudaimonia”（幸福感），这不是一种抽象的或享乐主义的快乐概念，而是追求“卓越”和“安乐”的快乐。那么，为了过良性的生活，一个人应该尽力做到最好，因为人类每项活动都有结果或原因。如果人类争取快乐，最高的快乐应该是所有行动的目的；快乐不是达到目的的手段，而是目的本身。

“快乐就是你的所想、所说和所为和谐统一。”

甘地（1869—1948）

亚里士多德将追求快乐看作“一种美德的实现和完

美实践”，可以通过理性和智力控制自己的欲望而达成。比起获得美德，欲望的满足和物质的获得就不那么重要了。一个快乐的人会应用遵从和节制来寻求理性与欲望之间自然的平衡。美德本身就是一种奖励，因为真正的快乐只能通过培养让一个人的生命变得完整的美德来实现。亚里士多德还指出，完善道德的练习应该始终一致地贯穿一个人的一生：“一只燕子带不来春景，短暂的善行也不会使人得福。

亚里士多德的《尼各马科伦理学》对整个中世纪基督教神学的发展产生了深远的影响。希波的圣奥古斯丁（St Augustine of Hippo）研究亚里士多德，很欣赏他的作品；圣托马斯·阿奎纳（St Thomas Aquinas）写了一些关于亚里士多德思想的重要研究，将亚里士多德“纯粹美德”的概念融入天主教教义的“四种基本美德”中。早期伊斯兰哲学也高度崇敬亚里士多德的作品，在那里，亚里士多德常被称为“启蒙老师”。

“浑浑噩噩的生活不值得过。”

苏格拉底（约公元前469年至公元前399年）

自由是什么？

一些关于概念本质，如自由（freedom）和自由（liberty）[1]之间的争论，是政治哲学、政治制度和政治思想发展的核心。柏拉图的《理想国》（约公元前380年）被认为是最早致力于分析政治制度如何运作和评估人类社会中公正、自由和真理观念的著作。在现代西方社会，人们普遍认为自由民主的内涵是“民有、民治、民享”，民主的核心原则是自由和平等，民主给予了人们自由，根据集体利益原则，或直接自我管理，或是通过任命或选举出来的代表进行管理。柏拉图在《理想国》一书中指出，古希腊实践民主的两个基本因素——

[1] 尽管“freedom”和“liberty”翻译成中文时都是“自由”，但是两者所指的自由并不相同，freedom在实质自由的意义上指能力，而liberty在法治意义上指权利。本书中liberty所指的自由将以括号形式标出，用以区分freedom所指的自由。——译者注

自由和平等，可用以对作为一种可行政治模式的民主进行评价。虽然柏拉图认为自由在本质上是一种真正的和纯粹的价值观，但如果自由被认定为一种任何人不受责任和引导限制而任意行为的权利，这种自由有内在的危险。柏拉图认为，这样一种“不加管制的自由”，最好的情况是带来不稳定和混乱，而最坏的情况是导致彻头彻尾的混乱和暗无天日。转到“平等”，柏拉图指出，真正的平等是机会均等的原则，即人人都有权利和平等的能力来实施治理。然而，平等这一标准的危险是，它可能鼓励个人追逐权力、影响力和个人利益而不惜牺牲共同利益。完全运作的民主需要小心煽动者和独裁者造成的恶劣影响，同时需要具有开明价值观的领导者。柏拉图认为，最好由哲学家来领导人民，因为他们能够在社会中理性地平衡整体内部相互冲突的影响和欲望。然而，行政权力在防止暴政的同时，也将限制他们的个人自由。因此，这引发定义自由时一个自相矛盾的问题：在何种程度上，我们是真正自由的，不由外部因素控制任何选择，也拥有真正的内在控制来引导我们自己的命运？

哲学家以赛亚·伯林（Isaiah Berlin，1909—1997）提出，有两种不同类型的自由：积极自由和消极自由。

消极自由是指没有外部限制个人各种欲望的自由，其所关注的是没有外部障碍。而积极自由是指个人自由的能力，其所关注的是追求个人自由时的自我控制和自我掌控。伯林提出两个关键问题，以便我们理解这两个概念之间的区别：

> **“在什么范围以内某一个主体——一个人或一群人——可以或应当被容许做他所能做的事，或成为他所能成为的角色，而不受到别人的干涉？（消极自由）**
>
> **什么东西，或什么人，有权控制或干涉，从而决定某人应该去做某件事，或者成为某种人？（积极自由）”**
>
> 以赛亚·伯林，《自由的两种概念》（1958）

积极自由和消极自由可以用两个日常生活中的简单例子加以区别：

例子一：我想去夏威夷度假。在消极自由方面，如果没有人提出任何反对意见，我就可以去夏威夷。但是，如果我有一次犯罪记录而拿不到入境美国的签证，计划就只能泡汤。可见，我的消极自由一直受外力的影响。

例子二： 我想去夏威夷度假。不幸的是，我忽然急性心绞痛，健康状况面临着严重风险，不能承受长途飞行。航空公司并没有阻止我买机票，虽然我的医生说去度假不是一个好主意，他也不能阻止我冒着危险去旅行。可见，我的消极自由并不受到外部因素的限制。但是，健康欠佳导致我失去了去夏威夷度假的“能力”，我的积极自由已经无效。

在第一个例子中，假设我的消极自由被入境美国的条件所限制。这些入境条件由国家执行，可能是为了保护其本国公民，所以在这种情况下，政府干预似乎也情有可原。但如果我的行动自由因为其他理由而受到限制，如我的种族背景或政治立场，情况会怎样？在这种情况下，国家干预和对消极自由的应用是否可以接受？

在第二个例子中，我的积极自由可以通过创造有利于发展自我决定能力的条件得以行使。国家可以提供免费的和可用的医疗，帮助我有效地管理我的心绞痛。航空公司也可以提供医疗援助，以确保在我旅途中的安全。在这个意义上，为了让积极自由可以付诸实施，一个特定的社会环境是必需的。因此，积极自由需要有包含集体理想的社会。

让-雅克·卢梭（Jean-Jacques Rousseau，1712—1778）提出“公共意志”（general will）的概念，尝试阐明积极自由的思想。

“人是生而自由的，却无往不在枷锁之中。自以为是其他一切主人的人，反而比其他一切更是奴隶。”

卢梭，《社会契约论》（1762）

在卢梭看来有两种类型的自由：个人自由和社会自由。个人自由源于人类的基本本能、自私的本质和一些迫使个人为了生存而处在彼此竞争和冲突状态中的强加条件。社会自由提供了另一种让个人进入社会契约中，并遵从社区或集体的“公共意志”。这形成了一种社会观念：社会中的每个人作为利益相关者，自由参与民主进程。为了使社会契约起作用，卢梭提出个人自由、个人欲望和动机需要服从于公共意志。

“如果自由（liberty）意味着什么，它意味着我们有权告诉他人：我们不想听 。”

乔治·奥威尔，《动物庄园》（1945）

积极自由和消极自由，个人自由和社会自由，这些概念是现代政治理论里一些关键争论的基础。消极自由的拥护者认为，一定程度的国家干预是允许的，以保障必要的自由，如行动自由、结社自由和宗教自由。积极自由的倡导者则认为，国家应该介入创造自由的条件，让个人得以蓬勃发展，自给自足地实现个人目标。本质上，积极自由和消极自由的争论涉及可接受的国家干预或控制的范围之界定，更重要的是，人类社会应该如何建立和组织。

> **“善与恶，奖与惩，是理性动物的唯一动机。”**
>
> 约翰·洛克（1632—1704）

该如何看待磨难的存在？

在宗教哲学领域，尝试调和“全能和全善的神”与充满了痛苦和磨难的世界之间的矛盾的努力，主要集中于神义论的修辞运用。术语“神义论”（theodicy）源于希腊词汇，Theos（神）和dikē（大致可以翻译为“正当理由”），因此，这个词可以翻译为“神的正当理由”。德国哲学家莱布尼茨在他的著作《神义论》（1710）中最早使用这个词。莱布尼茨重点论述邪恶存在的合理性，在这个意义上，邪恶并不局限于基督教意义上的邪恶和罪恶，也包括人类的痛苦和磨难。莱布尼茨也是一位富有能力的数学家，他被一些学者认为在牛顿之前就已经发展了微积分。基于对数学和形式逻辑的研究，莱布尼茨的哲学理论带有宿命论的色彩，也就是说，发生的一切都是预先确定的。

莱布尼茨神义论的基础是神的存在，以全能和全善的形式。莱布尼茨著名的结论是“我们生活在一切可能世界里最好的一个”（参阅“杯子是半满抑或半空”一节）。

> **关于磨难，他们不会错，**
> **古典大师们，绝佳地理解**
> **它在人心中的位置**
> **它产生的时辰**
> **某人在用餐**
> **在开启一扇窗**
> **或在阴沉地走过……**
>
> 威斯坦·休·奥登，《美术博物馆》（1938）

对“最好的世界”理论持怀疑态度的观点认为，罪恶和磨难的存在说明了不完美的存在，或许神（如果存在的话）也允许自身存在这样的不完美。莱布尼茨回应说，人类没有无限的智慧，而且在改变预先决定的状况时，人类受限于他们的思想和行动（意志）。被限制的自由意志导致了错误的信仰和行为，这反过来又导致了磨难和痛苦。总之，这些人类的痛苦和磨难是自己造成的，只有面对邪恶和痛苦力量时，善意的力量对人们来说才会凸显。在忍耐痛苦的过程中，人类从错误的信念和决定中学习，进一步跨入“正义与真理之光”。

莱布尼茨“最好的世界”理论遇到了一个最强大的对手，法国作家和哲学家弗朗索瓦-马利·阿鲁埃（François-Marie Arouet），他的笔名——伏尔泰（1694—1778年）——更为人所熟知。伏尔泰是一位多产的作家和哲学家，他留下了大量的作品，包括戏剧、诗歌、小说、散文、历史和科学作品，超过21,000封信，2000册以上书和手稿。

伏尔泰最著名的作品《老实人》（1759）毁灭性地攻击莱布尼茨哲学，讽刺了莱布尼茨的道德观和乐观主义理论。伏尔泰的主要观点是，世界上有太多可看到的邪恶和磨难，和可看到的善意并不相称。伏尔泰认为莱布尼茨犯了盲目乐观的错误。在小说中伏尔泰创造了邦葛罗斯博士的角色——莱布尼茨哲学的忠实追随者，作为嘲笑乐观主义的工具。与标题同名的主人翁，老实人，其角色被设定为师从于傲慢又愚昧滑稽的邦葛罗斯，邦葛罗斯不断地阐述他的教条：任何事物都有其目的，事情总会以“最好”的一面发生。在整部小说中主人公与灾难一路同行：持久的战争、地震、沉船。邦葛罗斯认为大部分的灾害都是合理的其逻辑显得滑稽可笑，例如，他声称梅毒（据称是由哥伦布带到了欧洲）

是一件好事，因为哥伦布也发现了巧克力；又例如，里斯本大地震中死亡三万人的事实也是“一切事实中最好的”。然而，具有讽刺意味的是，虚荣和狂妄的邦葛罗斯向葡萄牙宗教裁判所讲授他的哲学体系，却被指控犯有异端罪而被执行死刑。

虽然伏尔泰对莱布尼兹邦葛罗斯式的乐观主义的讽刺与攻击在表面上似乎反映出其对世界和人性怀有一种灰暗的理解和愤世嫉俗的态度，但伏尔泰也非完全悲观主义的。作为欧洲启蒙运动的关键人物，伏尔泰认为人类可以借助理性找到美德的信念。里斯本大地震似乎对伏尔泰的理念有很大的影响，这让他相信人类可以而且应该为自己和后代创造一个更美好的世界。在这方面，伏尔泰认为莱布尼茨“最好的世界”理论是为维持现状而作的狡辩，更是进步和变化的巨大障碍。

从未捍卫言论自由的伏尔泰

伏尔泰的《哲学辞典》（1764）被认为是他对哲学的主要贡献，但是这本书不是传统意义上的辞典，而是一本融合了伏尔泰对其所感兴趣的学科所写的文章和手稿的大杂汇。伏尔泰哲学著作值得注意的一个特点是他趋向于在使用格言的基础上构建慷慨激昂的、具有争议的论点。

伏尔泰最令人印象深刻的两条格言——“当我们遭受磨难时，乐观主义却在疯狂地坚持一切都是好的”和“每个人都为他不能行的善而心怀愧疚”——在风格上具有自我意识，显示了伏尔泰思想中常有的矛盾性，并对后来的作家，如奥斯卡·王尔德（Oscar Wilde）有着相当大的影响。在言论自由方面，伏尔泰最常被引用的话就是“我不同意你说的话，但我誓死捍卫你说话的权利”。讽刺的是，这句话并没有出现在伏尔泰的任何信件或著作中，而是出自英国作家伊夫林·比阿特丽斯·霍尔（Evelyn Beatrice Hall）所著伏尔泰传记《伏尔泰的朋友们》（1906）中的一个杜撰故事。

动物有权利吗？

在何种程度上动物拥有权利的问题似乎是一种现代哲学争论，这个问题源于人们对自由民主的讨论，是人类权利和自由概念的自然延伸。然而，哲学史中很多思想家已经从不同角度论证过对动物权利的支持或反对，如普鲁塔克（Plutarch）、笛卡尔和尼采。古希腊学者普鲁塔克（46—120）在他的文章《食肉》中讨论了饲养动物为食的伦理问题。普鲁塔克最著名的作品是《对传》，该书作为一本古典社会编年史，详细介绍了希腊和罗马的哲学家和政治家的生平。除了对历史学的贡献，普鲁塔克也是一个高产的杂文作家，在诸多学科领域，他都有一些争议性作品，从学习诗歌和哲学的正确方式，到婚姻指导咨询和育儿术。这些文章汇集成《道德小品》，其中就包括普鲁塔克著名的有关动物权利的辛辣讽刺。

在《食肉》中，普鲁塔克反对吃肉的论据是双重的。普鲁塔克首先针对大家普遍持有的观念——人类天生食肉。普鲁塔克认为，人的身体不是用来食肉的。我们的嘴巴、牙齿的安排和其他的身体属性，并不意味着狩猎、杀害和吃掉其他动物是一种生理需要。此外，普鲁塔克指出人类食肉时的虚伪：人类争辩说其他食肉动物出于生存之需而杀戮，并生食猎物之肉；而人类先处理再食用，“这样就以一种不自然的方式欺骗了味觉”。普鲁塔克挑战肉食主义者，指出如果他们是真正的食肉动物，就应该不使用武器，而采取一种高贵的方式赤手空拳杀死猎物。普鲁塔克的第二个论证聚焦在食肉对与错的伦理和精神问题上。普鲁塔克反驳动物缺乏灵魂或意识的论点，并指出很多动物的行为显示出其拥有智力和知觉。

“为了一小口肉食，我们剥夺了太阳和光的灵魂……并将动物的哀号和尖叫幻想成无意义的噪声，而非它们的乞求。”

普鲁塔克，《食肉》（约公元100年）

此外，普鲁塔克认为人类食肉的残忍让人类的性格变得野兽化，这不仅使得人类无情于非人类动物的痛苦，更会通过将残忍的暴行合法化，鼓励对其他人类做出类似行为。普鲁塔克的论据对希腊知识界有相当大的影响，最明显的是由哲学家普罗提诺（Plotinus）和他的学生普菲力欧斯（Porphyry，234—305）创立的新柏拉图主义学派，他们都是专一的素食主义者。

法国启蒙哲学家勒内·笛卡尔（1596—1650），在《正确思维和发现科学真理的方法论》（1637）一书中，对在何种程度上动物拥有权利这一问题提出了相反的论点。笛卡尔认为，虽然动物似乎表现出智力，但它们的行为是本能和反应，完全是简单的感知反馈。街上一只受伤的狗可能会低声呜咽，这显示它具有感受疼痛的能力，但疼痛是一种生理刺激，动物不可能将其解释清楚或通过创造性思维和语言阐述出来。动物当然能感觉到疼痛，但它们缺乏关于疼痛的概念、性质和结果的自觉或连贯的思维能力。笛卡尔创造出“机器”（bête machine）一词，将动物对某些刺激的反应比喻为一台发生故障的机器（尽管笛卡尔承认在构造上动物机器远优于人造机器）。

“那些戒绝食用任何动物性食物的物种…… 会更加小心地避免伤害自己所属物种的其他个体。因为爱自己物种的人是不会憎恨其他任何动物种类的。”

普菲力欧斯，《论戒食动物性食物》

对笛卡尔观点的原则性反对涉及痛苦的概念。许多人认为虐待动物的景像和事例是无法容忍的、野蛮和不文明的。当代澳大利亚哲学家彼得·辛格（生于1946年）指出，区分人类的痛苦和动物的痛苦，首先在道义上就站不住脚，因为这意味着一种失败，即不能理解残忍、偏见和压迫的本质。辛格指出，笛卡尔的论点将动物是否具有与人平等的地位建立在其能否表现出可感知的智力基础上，这样的武断区分，正呼应了奴隶多贸易和白人至上主义的立场。辛格认为，痛苦，在其本身来说，就是不对的，不管正在体验痛苦的是谁或什么。

“如果某一生命受苦，拒绝考虑这种痛苦是没有道德理由的。无论那个生命的性质是什么，平等的原则要求平等地计算它所遭受的痛苦——在可以进行粗略比较的前提下——就像其他任何生命所遭受的痛苦那样。”

彼得·辛格，《实践伦理学》（1979）

时间是什么？

时间的本质，它的客观性和主观性（无论时间是否存在于我们直接感知之外）自古以来一直是思想家们探讨的关键问题。柏拉图在他的对话《蒂迈欧篇》（约公元前360年）中写道："时间是永恒的映像。"柏拉图概述了他认为构成宇宙的基本要素，将时间等同于物体的运动。对柏拉图来说，时间是永恒的、不变的，就像宇宙的设计是永恒的、不变的。

亚里士多德进一步发展了柏拉图关于时间是运动的观点，他分析了运动和变化之间的关系。在亚里士多德看来，哪里有发展或运动，哪里就有时间。这种观点的前提是，一切成为如此，或不再如此，都是因为时间的存在。有了时间，变化才会发生；没有时间也就没有变化。

但是我们对时间的感知究竟是什么？当我们思考或

讨论时间的时候，通常指的是“当前时间”，最常见的例子是某人问我们“现在是什么时候?”亚里士多德认为，时间的本质是“现在”，目前时刻的瞬间构成了直接经验。然而，这似乎与亚里士多德关于运动和变化的观点相矛盾，因为我们知道时间不可能是静止的。因此，时间，不只是“现在”，它是存在于过去的时刻和未来尚未发生的时刻之间的运动。

因此，亚里士多德似乎在暗示，我们没有办法感知到作为对象的时间，我们感知到的是处在时间中的变化或事件。我们不是感知各自孤立的事件，而是在它们的次序里感知它们。这种思维过程从某种意义上说类似于感知不同对象之间的不同关系。我们按照线性序列感知事件，例如，白天之后的夜晚。但是这里有一个悖论。如果像亚里士多德所断言的那样，我们感知时间的关系是我们对“目前和现在发生的”的感知，那么我们在没有感知事情本身时是否可以感知事件之间的关系？换句话说，为了将两个事件感知为“现在”，我们需要同时感觉到它们，而不是按照前后的线性序列。当我们感知白天过后的夜晚，我们已经不再感知白天，而只是把它当成过去的时间的记忆。这似乎意味着时间是序列经历的框架。

“这完全超出了我们通过时间衡量变化的能力……时间是我们通过事物的变化而理解的抽象概念。”

恩斯特·马赫，《力学史评》(1893)

对时间本质的哲学分析处于两种相反的思潮争论中：“关系主义”（relationism）和“绝对主义”(absolutism)。

得到亚里士多德和莱布尼茨认可的“关系主义”，认为没有外在的事件在时间里的改变，时间就不存在；即，时间是事物和事件之间的“时序关系”（temporal relation)。这个观点表明，没有对时序关系中变化的感知，就不可能感知时间。这与认识论中关于虚无的存在的观点相呼应（参阅“为什么是存在而不是虚无”一节)。逻辑上，感知没有任何事情发生的空白时段是不可能的。

得到柏拉图和一些科学家，如艾萨克·牛顿（Isaac Newton）认可的“绝对主义”采用了隐喻的方法。对绝对主义者来说，时间就像一个巨大的、无限的空档案柜，里面有秩序地摆放着各种事件和实体。无论档案柜里放得是什么，档案柜本身都存在。

康德在《纯粹理性批判》（1781）中，将人类对时间观念的感知等同于一种直觉形式，或是主观现实，进一步发展了“绝对主义”和“关系主义”。康德认为，人类对时间的理解是先验知识（与生俱来的东西）。因此，康德认为，时间和空间不能独立于思想而存在；相反，它们是思想本身的成果（也就是，直觉）。康德使用术语“本体”（noumenon）来描述自在之物本身，用以区分它们呈现出来的样式。通过直觉，人们能够将本体转化成可理解的现象，例如时间。

一段“空白”的时间——思想实验

美国哲学家悉尼·苏梅克（Sydney Shoemaker）试图挑战亚里士多德的观点——没有运动或变化就不能感知时间，他在1969年构建了下列假设。休梅克想象有一个平行世界并将其分成三个区域，标志为第一区、第二区和第三区。

在第一区，每两年发生一件奇特的事情；在一个小时里，一切冻结，没有任何事发生，包括该区居民的意识。在冻结期间这一区由红光覆盖，并被坚不可摧的力量场包围，没有任何东西可以进入或退出，即使光也不例外，所以在其他区域的居民看到这一区呈现为黑色。一个小时过去后，该区就会立刻彻底解冻。对第一区的居民而言，一切并没有异样，瞬间的冻结和解冻让他们无法意识到这一个小时的“断档”，直到他们发现其他区域明显的不接续性之后。

在预定的时间里其他两个区也发生类似的冻结（第二区每三年一次，第三区每五年一次），有着同样的结果；每30年一个周期，整个星球冻结一个小时。人们很快会计算什么时候发生冻结，并相应地修改他们对时间的感知。通过冻结世界这一假设，苏梅克似乎暗示：在时间和变化的关系中，时间更加基础；并不是“没有改变，时间就不存在”，而是“没有改变，时间仍在继续”。

如果森林里的一棵树倒了，而周边没有一个人听到，那它倒下时是否有声音?

“如果森林里的一棵树倒了，而周边没有一个人听到，那它倒下时是否有声音?”这个问题常常被认为是爱尔兰哲学家和牧师乔治·贝克莱（George Berkeley, 1685—1753）提出的。事实上，这个问题的现代提法与贝克莱原来的提法有所不同。

乔治·贝克莱被认为是“主观唯心主义”（subjective idealism）哲学分支的创始人。在哲学术语中，唯心主义指我们所知道的事实在根本上是思想的构建和心理官能的感知。

贝克莱的基本论点是“存在即被感知”：

> **“感觉的对象只存在于它们被感知时；因此，如果没有人感知到花园里的树，它们就不存在。”**
>
> 乔治·贝克莱，《人类知识原理》（1710）

根据贝克莱的观点，感知创造了我们的现实以及我们称之为物质的东西，包括肉体，它们只不过是相对稳定和规范的感知形式。这些形式和心理构建通过词语进行分配和归类，如“树”“猫”或“摇滚”。然而，我们对这些类别的感知只是当前和“当下的”。虽然贝克莱并没有分析本节开篇提出的问题（而且从来没有提过声音的存在），但他的理论对这个问题的回答必将如下：如果一棵树倒了，而没有一个人听到，那它不仅没有发出声音，而且“这棵树”——因为它源于人的思想感知——也不存在。

反对贝克莱观点的人可能会声称“森林中没有人感知到树，它们就不存在”是个荒谬结论。科学告诉我们不但树木和森林存在，而且它们存在的时间比人类还早。贝克莱回避这一难题，并声称因为神是全能的，他在森林里永远存在（也永远存在于其他地方），并通过对树木持续的感知确保它们持续的存在。

“现实留下了很多想象空间。”

约翰·列侬，引自《星期天太阳报》（2003）

因此，贝克莱哲学可理解为存在分为两个层面。一是个人的身体和心灵层面，在这个层面上我们的感知创造我们的现实，感官感知的一切决定了我们的经历，也因此，它们成为了对我们而言的存在。另一层面是“终极面”，是由神感知一切而确保它们持续存在的、为万物所共享的“自然世界”。

太多是否胜过不够？

古希腊思想中最常令人误解的学派之一就是“享乐主义”（Epicureanism）。它经常被错误地解释为不加掩饰地追求感官快乐和自我放纵。在实践中，享乐主义是一种仔细斟酌的“禁欲主义”（asceticism）。

伊壁鸠鲁学派的创始人，伊壁鸠鲁（公元前341年至公元前270年），是更早期的哲学家德谟克利特（公元前460年至公元前370年）的弟子。德谟克利特是原子论学派的主要思想家。原子论尝试理解宇宙不断变化的本质，其主要观点是所有的一切都是由无限虚空中浮动的原子组成。这些微小粒子物质不停地运动，彼此连接和分离，形成了虚空里的不同物质和实体。德谟克利特常被称为“含笑的哲学家”，一些评论家（德谟克利特的教义仅由后来的作者以二手记录的形式保存下来）指出他的主张——保持积极的人生观——是促进精神健康的一种方法。伊壁鸠鲁进一步发展了德谟克利特的论断，主张美好是人灵魂深处的东西，这一观念随后发展为著名的“道德享乐主义”（ethical hedonism）。

伊壁鸠鲁道德享乐主义的出发点是亚里士多德的论点，即“快乐是最高的善”（参阅“快乐是什么”一节），快乐因其自身而有价值，而不是与其相关的事物。但是，伊壁鸠鲁反对亚里士多德将快乐等同于通过培养和实践美德而得到的愉悦的主张。伊壁鸠鲁认为，追求快乐是自然的、天生的，快乐是任何思想和行为背后的驱动力。这种视快乐为天然倾向的主张可以借助观察儿童行为得到佐证。给孩子挠痒痒或者和他们玩“躲猫猫”，会引起他们的笑声和笑容，而当这些动作突然停止时，孩子往往以哭泣回应快乐的消失。伊壁鸠鲁认为寻找快乐、避免痛苦和损失的倾向在成年人中也十分普遍；但会因为一些因素，如社会关系、信仰体系和责任观念等，而变得更加复杂。然而，这些复杂的因素并没有影响到伊壁鸠鲁的基本论点——所有行动、甚至似乎是自我牺牲的或由责任引起的行动，都是为了获取个人快乐。这是因为人类具有内省的能力，这让我们本能地知道快乐是好的，而痛苦是坏的。

伊壁鸠鲁将快乐与个人欲望的满足相联系，区别了两种形式的快乐：“动态的快乐”（moving pleasures）和“静态的快乐”（static pleasures）。“动态的快乐”涉及满足欲望的行为或过程，例如，吃美味的食物以充饥。“动态的快乐”涉及感官刺激，带来肉体和情绪反应，我们的快乐感很多存在于“当下”。伊壁鸠鲁认为，当行为和过程完成后，我们的欲望得到满足，同时不再迫切需要或者希求任何东西，如此，我们就实现了“静态的快乐”。饱腹感的状态就是一种“静态的快乐”，比起“动态的快乐”，“静态的快乐”内在价值更高。

伊壁鸠鲁区分两种不同的快乐状态带来的启示是快乐和痛苦之间没有中间区域。需求和欲望没有实现会引起痛苦，但是一旦这些需求和欲望都得到满足，就实现了“静态的快乐”。

> **“知足者常乐。”**
>
> 约书亚·塞尔维斯特，《作品集》（1611）

伊壁鸠鲁对肉体和精神的快乐和痛苦也作了明确区分。肉体的快乐和痛苦只存在于当前（以对“动态的快乐”的向往或实现为例）。精神的快乐和痛苦既包括现在也包括过去，如过去珍藏的快乐回忆，或对曾经不幸和失误的悔不当初。

伊壁鸠鲁认为，获得快乐的主要障碍是对未来的恐惧。在他所处的时代环境下，伊壁鸠鲁强调迷信是人们焦虑的主要来源，即对神、死亡和死后生命的恐惧。为了达到一种宁静状态（伊壁鸠鲁使用的术语是“ataraxia”即“心神安宁”），有必要怀着愿望终将得到满足的信心面对未来，并用这种信心取代对未来的恐惧。

毫不奇怪，鉴于伊壁鸠鲁主义用欲望的满足与否区分快乐和痛苦，享乐主义道德的主要关注点是分析不同种类的欲望。为获取快乐，避免痛苦，只有两条行动路线可供选择：要么努力完成欲望，要么尽力打消欲望。在大多数情况下，伊壁鸠鲁主张打消一些欲望，作为实现心神安宁的最佳策略。

自然而必要的欲望

伊壁鸠鲁道德概述了三类欲望，第一类是自然而必要的欲望，例如对食物、水、温暖和住所的需求。这些欲望反映了生存的基本需要，所以不能消除或抑制。伊壁鸠鲁指出，这些基本欲望存在自然的限制，比如人只能接受一定量的食物、水、热量等。

自然但不必要的欲望

自然但不必要的欲望是那些仍然用于满足基本生存的，但不是不可缺少的因素。丰富又昂贵的精致食物或奢侈的酒精类饮料（例如鱼子酱和香槟）都属于这一类。这些欲望可以被抑制，因为依赖它们会带来不幸，且替代品更容易获得。

虚假和空虚的欲望

虚假和空虚的欲望包括了权力和影响力、财富和名利等。这些欲望不是自然生存的必需条件，因而没有自然限制。但这类欲望很难实现，它们也不是“静态的快乐”。当一个人获得了一定水平的权力和财富，他（她）会本能地渴望获得更多。对伊壁鸠鲁来说，这些欲望源于人类社会形成的错误信仰，它们和能够让我们真正快乐的需要之间没有实际关系。

在以上三类欲望中，伊壁鸠鲁建议人们使用节制和克制来应对第二类欲望，同时要完全打消第三类欲望。因此，追求快乐与安宁应该采用下面的过程：将我们的快乐建立在那些必要的、容易满足的欲望上，同时放弃其他不必要的欲望。在“是否太多好过于不够”这个问题上，伊壁鸠鲁无疑会回答：这两种状态都会导致痛苦，为了维持精神上的安宁，一个人要知道欲望的满足是“足够”本身。人们需要按照长期的自我利益来估算事物的价值，并摈弃那些提供短期利益的事物，只有这样，才能在未来获取更多的快乐。

生活和活着是否有差别？

表面上，“生活”（living）和“活着”（being alive）之间的关系类似于一个定义和它的某种解释。生物学对活着的生物设定了一些标准，这些标准包括繁殖、呼吸、生长、排泄、生理反应等。大体上，哲学家不太关心活体生物的物理和生理属性，而是从形而上学的角度询问生物存在的“意义”。对生命意义的寻求通常包含幸福、道德和美的观念，这些观念既体现在个人层面也体现在集体层面。与“活着”不同，“生活”所关注的是生命中的理性和价值。19世纪德国哲学家尼采用个人化的方法对什么构成了真正的“生活”进行了回答。

尼采哲学的核心之一是他对自我的分析。西方哲学和宗教的主要传统观点认为人类的存在是双重意义上的：我们拥有物理的、有形的肉体和形而上学的思想。尼采反对这种双重观点，并提出在本质上人身心合一。人们称之为思想，甚至灵魂的东西，仅仅是人类肉体存在的另一个方面。在他的著作中，尼采写道：

孩子如是说：“‘我是肉体与灵魂。’……但觉醒的智者说：‘：唯肉体与我存在，其他都没有；灵魂只是有关肉体的一个词语而已。’”

尼采，《查拉图斯特拉如是说》（1833）

实体（肉体）背后的主要驱动力和人类生命的价值，尼采称之为“权力意志”（will to power）。这一术语基本上是对叔本华（尼采非常敬佩的人）一些悲观观点的延伸：人类的生命决定于原始的“求生意志”（will to live）、繁衍需求和为生存而进行的战斗。对叔本华来说，这些基本的生理需求和“活着”的状态是世界上痛苦和不幸的根源。尼采将叔本华以“求生意志”作为消极动机的观点进行了改造，进而提出了自己的观点：“权力意志”是人类力量的积极动力和来源。

尼采假定古典时期个人和社会的道德观念源于世界

上善（力量和权力）与恶（贫穷、脆弱和疾病）之间的冲突。尼采将这种对立称为“主人道德”（master morality）的一种形式。对尼采来说，有组织的宗教，如基督教，让人们发展出一种反“主人道德”的意识形态，他将其称为“奴隶道德”（slave morality）。这种意识形态的反转体现在善（一些观念，如慈善、虔诚、谦卑和克制）与恶（一些概念，如残酷、自私、统治和财富）之间的道德区分。奴隶道德促进了灵魂独立于肉体的观点，并认为应由一个更高的意识（也就是神）来判断善恶。通过压制本来赋予生活意义和内在动力的自然的权力意志，奴隶道德将屈从与奴性强加给了人类。结果，英雄主义的价值观如力量、雄心、个性和创造力反而被视为天生的邪恶之源。

> **“不要过于惧怕死亡，而应该惧怕那些未能好好度过的生活。”**
>
> 贝尔托·布莱希特（1898—1956）

对尼采来说，“活着”和“生活”之间的区别与个人目标有着内在的联系。尼采尤其反对根据理性推理得出的“意义”选择生活路径，因为这将否定创造性思维。生命的意义问题应被重构为：不要试图就人类命运的意义得出结论，而要问个人为什么而存在：

> **“你为什么作为个人而存在，这个要问你自己；如果没有人能告诉你，那么尝试通过设置一些个人的目标（崇高的目标）来验证存在的意义。在追求目标的过程中毁灭——因追求伟大的目标而毁灭，本身就是生命最崇高的意义。”**
>
> 尼采，《不合时宜的沉思》（1873）

对于尼采来说，“生活”和“活着”之间的差异在于个人创造性地拥抱权力意志以制定个人目标的责任。这些个人目标应该 是“崇高”的，而且它们应该反映个人最好的要求。“活着”只是为了存在，但“生活”需要自我决定。

尼采采用了非常反传统的方式来分析传统哲学对意义、理解、知识和方法的探索。他刻意反驳一些公认的先哲的哲学思想，并探讨了有关文化、历史、科学、道德和艺术的意义问题。尼采的方法是拒绝老生常谈，否认有普遍约束力的答案，并要求首先进行个人阐释，这种方法非常有吸引力和影响力。虽然尼采留下了不少令人眼花缭乱，但又盲目而矛盾的格言，但他的文字是如此优美，并包含着巧妙的自负。尼采哲学故意无视定义，因为他认为这是我们自己得出的结论，无论这些不属于我们的定义是对还是错。

爱是否好过被爱?

关于爱及其变式的哲学一直是思想家探讨的重要话题。通常情况下,人们尝试区分不同形式的爱,古希腊人将爱分为三种形式,并命名为“性爱”(éros)、“灵爱”(agápe)和“友爱”(philía)。

性爱

人们对这一术语有着不同的解释,其原始意义等同于较强的性欲和对亲密关系的向往。柏拉图在《会饮篇》中提炼了这种解释(参阅“人各有自己关于美的标准吗”一节)。《会饮篇》中的苏格拉底讨论评估了瞬间情欲的表面性质,同时承认这只是一个出发点。通过沉思,一个人会理解生理欲望是对肉体美的肤浅反应。随着时间的推移,一个人的爱,会从肉体之爱转向对引起欲望的肉体的灵魂之爱。这个过程就是我们所说的“柏拉图式的爱”，即“非肉体之爱”，因为它是对心灵美的欣赏，需要经历超越之旅。

灵爱

如果性爱可以归为“世俗之爱”，那么第二种形式的爱，“灵爱”，则属于“超越世俗之爱”。《哥林多书》概述了“灵爱”的神学解释：灵爱是“神对人类和人类对神的爱”。中世纪经院哲学家托马斯·阿奎纳是亚里士多德著作的虔诚信徒，他试图将亚里士多德著作中的伦理思想融合到基督教神学中。在作品《神学大全》(1267年）中，阿奎纳这样定义神的爱：“朝向善的意志运动。”根据这一对灵爱的解释，爱好过被爱，因为爱的运动（神的爱）将让你爱的对象成为更好的人。无条件性是灵爱的一个重要特征，这种形式的爱超越了单纯的神学范畴，也包括了父母对孩子的和手足之间的无条件的爱。

友爱

爱的第三种形式“友爱”探讨了友谊、忠诚和团结的美德。亚里士多德在《尼各马科伦理学》中使用了这一术语，用来描述我们所拥有的，或是通过美德——如平等和善良——传达给我们的家庭和社区的爱。亚里士多德还在抽象和感性的意识上使用这一词语，来形容可以从经验中感知的爱。例如，音乐和艺术或大自然的美丽给予我们爱的感觉。对亚里士多德来说，为了良性的充实的生活，友爱是最基础的；这种观点也认为，爱比被爱更好。

> **“做自己而被人讨厌，好过做别人来招人喜欢。”**
>
> 安德烈·纪德，《秋叶》（1949）

并非所有的哲学家都以积极的方式讨论爱的哲学意义。享乐主义哲学家卢克莱修（Lucretius，公元前99年至公元前55年），在他的哲理诗《物性论》（公元前50年）中提出，以性爱形式出现的爱会破坏个人美德：“相思病……懒惰放荡地挥霍着生命中最好的年华。”

尼采对爱的理解

尼采学派的学者们，在这位德国伟大哲学家关于爱的观点上彼此区分开来。尼采一生都是个单身汉，他不知道怎样和女性保持任何持久或重要的关系。这导致一些评论家认为尼采可能是个同性恋者。其他一些评论家指出一个事实：尼采曾三次向同一个女人莎乐美（Lou Salomé）求婚，但都被拒绝。甚至还有人认为，尼采特意培育他的独特浓密胡子，以此掩盖他的面部特征。以下摘录表达了尼采对爱愤世嫉俗的态度，他将爱等同于占有欲，因此他认为爱自然是短暂的：

对财产的渴望和对爱情的欲念，这两者激起了多么不同的联想！然而，它们或许只是同一种冲动的两个名称——前者肇始于对已拥有事物的厌倦，后者出发于对现存关系的不满——只是这种冲动披上了“良善”的外衣而已。我们对邻人的爱，难道不也是一种对新“财产”的追求？同样，我们对知识的爱，对真理的爱，难道不都是对新鲜的渴望？

对于自己一贯所安稳拥有的事物，我们已逐渐厌倦，因此，我们再度伸出了欲望之手。即使风景再美的地方，只要住上三个月，我们就不再那么喜爱了，相比之下，任何更遥远的海岸都会引起我们的贪念和妄想。我们所拥有的事物，大部份都会因其被占有而贬值；要维持快乐，我们就得不断地将新鲜事物归于自我的范畴之内——这难道不也一种占有？而对为我们所拥有的事物产生厌倦，也就是对我们自己产生厌倦（我们经常会因拥有太多而感到痛苦，因此，就连丢弃和分享，我们也堂而皇之地冠之以“爱”了）。

尼采，《快乐的科学》(1882)

人有灵魂吗？

关于人类灵魂的观点历来集中于确定个性和自我意识的无形（非物质）特征。对于古希腊人来说，人的灵魂跟心智相连，即“脑袋里的声音”，它们构成了人们决策和行动的基础。在《理想国》（约公元前380年）中，柏拉图概述了他认为人类灵魂的三个基本组成部分。

理性

灵魂的“理性”（logistikon）是关注清晰思想、追求和理解真理的部分。理性决定了我们的推理和区分真假对错的能力。这部分的灵魂规定和支配着灵魂的其他两个部分，并致力于追求善。

激情

柏拉图认为灵魂的第二个组成部分是“激情”

（thymoeides）。这一部分包含那些让我们感到愤怒或不平的情感。柏拉图使用的术语“激情”和我们平常的“精神”概念有着明显的区别。柏拉图用“激情”表示强烈的感情，绝不能容许它们主宰我们，而且需要由善意引导。激情和理智密切合作来克制灵魂第三个部分——即欲望——的过激行为。

欲望

灵魂的“欲望”（epithymetikon）部分是指我们对欲望和乐趣的渴求。包括对权力和影响力的渴望，或基本的追求肉体愉悦的生理欲望。“不公正”的灵魂是欲望占据主导地位，而忽略理性引导力的灵魂。

对柏拉图来说，人是三部分灵魂的总和。人有肉体，但是，灵魂决定人的本质，这包含了人们行为背后所有方面的心理能力。

> **“生命是一个缓慢诞生的过程。如果我们可以借用现有的灵魂，则有些太容易了。”**
>
> 安东尼·德·圣-埃克苏佩里，《空军飞行员》（1942）

十七世纪笛卡尔发展了与灵魂概念密切相关的二元

论哲学。笛卡尔认为，心智和肉体是各自独立的实体，而不是统一的。根据二元论，心智由非物质组成，区分于物质组成的大脑。因此心智属于意识或自我意识范畴。大脑是人体的器官，属于肉体，然而心智是独立的。

> **“因此，自我——即让我之所以为我的灵魂——与肉体完全不同，并且我们更容易了解它，即使肉体消灭，灵魂仍然永存。”**
>
> 笛卡尔，《方法论》（1637）

十九世纪美国哲学家威廉·詹姆斯在《彻底经验主义论文集》（1912）一书中挑战笛卡尔二元论观点。基于人类心理学的研究，詹姆斯提出了他称之为“纯粹经验哲学”的观点。对于詹姆斯来说，人类从来没有经历肉体和心智相分离的情况，相反，人们所经历的都是心智间的及肉体与心智间的相互作用（例如感觉和情绪）。这一观点否定意识是独立于肉体的部分，将意识的地位降至心智创造的幻象。因此，我们的灵魂也只是想法而已，而不是内在的实体。我们的思想和肉体对事物的感知在本质上是同一的，即詹姆斯所谓的“纯粹经验”。

詹姆斯提出的“纯粹经验”概念与神经科学的现代发展相呼应。现代心理学驳斥灵魂独立于肉体的观点，并且坚决认为灵魂只是人类信仰的对象，是我们用以理解周围自然世界的心理学概念。在哲学上，心智和肉体之间的问题是“我们有灵魂吗”这一问题的根基。也许答案就是，在宗教和精神层面上说，如果我们选择相信，我们就“有”灵魂。

詹姆斯和熊

威廉·詹姆斯是一位著名的心理学家。1884 年他发表了一篇有争议的论文《什么是情感》。詹姆斯提出我们的情感和感知经验是由生理（肉体的）刺激引发的一系列事件。詹姆斯举出一个假设性例子：一个人独自走在森林里，突然遇到一头凶猛的熊。这个人立马在恐惧中转身跑远。詹姆斯提出一个问题：这个人是因受惊而跑，还是因跑而受惊？传统的观点认为熊带来了恐吓刺激，但是詹姆斯认为，这种常识性解释是错误的。对詹姆斯来说，肉体的生理变化先于情感感知和情绪反应。这个人跑掉的行为提高了他的心跳速率，给大脑传递了神经信号，从而导致他的恐慌，引起害怕的感觉。总之，詹姆斯认为不同的事件和情况触发不同的生理变化，从而导致我们不同的情绪。

责任是否应该先于快乐?

康德的道德哲学基于责任的概念。从柏拉图和亚里士多德开始，伦理哲学已经围绕着解释和定义一些关键词而展开，例如美德。柏拉图区分了四种主要的美德：智慧、正义、刚毅和节制。随后，亚里士多德进一步发展了包含二十多种其他美德的列表，这些思想构成了古希腊“幸福感”的概念基础。亚里士多德也把一些美德作为各种恶习之间准数学意义上的“均值”，如“勇气”是懦弱和好斗之间的均值。节制是指控制自己的基本欲望。作为基本美德之一，节制优先于为了快感而追求享乐。

通过评估美德的意义，康德提出了他的道德理论，并就是否有可能形成个性化的道德价值等级进行了探讨，正如柏拉图和亚里士多德曾论述过的那样。康德得出结论，即永远不能受到质疑的唯一美德就是善良意志：

“世界之中，甚至在世界以外，除了善良意志，不可能设想一个无条件的善。”

康德，《道德形而上学基础》(1785)

康德认为，没有任何其他的传统美德（如仁爱、忠诚、勇敢、智慧）可以跟善良意志相比，因为那些美德可能会被破坏，也就是说，它们可能用作不道德的目的。在康德看来，善良意志是独一无二的，因为它是为了善而善，因此善良意志保持了它的道德价值。以善良意志作为行为前提时，无论行为的结果、意图或倾向如何，善良意志之善都是真实的。从这个意义上讲，即使未能达到道德目的，善良意志仍然是指导性的道德原则。

康德的道德哲学也包含了责任概念和正确行为的准则（参阅“如何鉴别对与错”一节）。然而，康德提出的善良意志概念，并没有像“完全职责和不完全职责”那样形成一系列行为原则。它更多地指这样一种意志：出于责任而行事，克服障碍、解决问题，以维护理性决定的道德戒律。举个例子，为了拯救他人生命，一个人选择让自己处于危险之中。尽责的意志是在困难条件下明显或有效地行使善意的独特例子。康德推断，只有从责任这一定义衍生的行为才具有真正的道德价值。虽然从某种意义上来说，狭义的责任可能会限制人们的选择，有时甚至会迫使个人行为违背他的自然意愿；然而，人们最终应按照自己的意志坚持道德原则、做正确的事情。一个人的行为由责任感驱动，是因为做正确事情的理性动机压倒任何其他个人倾向。康德伦理学尝试远离由一组外部强加的价值观和美德构成的道德观念，并提出另一个论点，即在任何既定情况下，所有真正自主的个人应该有能力认识到一切符合善意和责任的行为都符合道德原则。

“当我不再致谢时，我的致谢已经足够；我已经尽到了我的责任，无需再多。”

亨利·菲尔丁，《伟大的拇指娃娃汤姆》(1730)

德国哲学家黑格尔提出了两个反对康德关于善意和责任概念的基本论点。黑格尔的主要论点是：康德伦理学没有提出人们运用善意时具体应该如何做，并认为这是因为康德的道德戒律建立在矛盾律的原则上（即在同一时间，一个事物不可能既是真的又是假的）。这意味着永远都只有一种正确的行动方针。回到是否出于责任行动优先于为寻求快乐的行动这一问题，由于缺乏对环境因素详细的考量，康德的道德戒律不能构成道德的绝对原则。从本质上讲，因为将特定情形下的特定变量进行了不恰当的抽象，绝对的道德戒律原则（如责任先于快乐）无法提供任何有意义的答案。为论证其观点，黑格尔对康德有关借贷的例子提出了质疑。

康德认为，一个需要从朋友处借钱的人，如果他知道自己没有还钱的能力，就不应该承诺还钱。黑格尔质疑康德的道德戒律原则是否能够确定基于财产的社会结构在道义上是善的。有趣的是，很多现代政治哲学侧重于分析金钱的道德价值。为了在逻辑和推理方面批判康德伦理学，黑格尔接着举出帮助穷人的慈善事业的例子。

黑格尔争辩说，如果如康德所说按照理性、善意和责任的原则，每个人都给穷人送钱，那么就不会再有任何贫穷。这似乎是一个古怪的逻辑歪曲。虽然表面上这似乎破坏了责任和善良意志的绝对真理价值，也让它们显得多余，但实际上这是黑格尔批评康德伦理学的第二论点。不是每个人都会帮助穷人，他们因为各种原因而选择不这么做。黑格尔认为，这是康德理论体系中致命的缺陷，因为它迫使人们深陷理性和欲望之间的内部冲突。黑格尔认为，为了善良意志和责任愿望而拒绝或压抑其他的欲望，是违背人们的天性的。伦理困境的真正的问题并不在于此。如果责任意味着在一个给定的情况下做正确的事情，那么这似乎是正确的行动路线。但是，如果快乐可以减轻痛苦或疼痛，而责任因外在压力而不再纯粹，那么“责任先于快乐”还成立吗？

“如果善良不会带来麻烦，多少人将渴望向善！他们害怕善良到要忍饥挨饿或变卖家资，他们不会敲响天国的大门，他们只是高兴地仰望正义良善的空中楼阁，幻想在其中的生活将有多么美好。”

乔治·麦克唐纳，《外科医生保罗·费伯》（1878）

世间有普遍真理吗？

普遍真理的概念预示着一些东西是恒定不变的，并代表着不可改变的事实。例如，没有任何猫是狗，或者没有任何狗是猫；方不会是圆，圆也不会是方。这就是说，有一些事在现实中是静态的、无法改变的，因此它们可以被认为是普遍真理。

“自然界的事实是它们原本的样子，但我们只能通过心灵的眼睛看到它们。”

斯蒂芬·杰·古尔德，《为雷龙喝彩》(1991)

追求绝对的或普遍的真理与发现论述或观点的有效性相关。亚里士多德用如下公式定义真理：

“说‘非’是‘是’，或者说‘是’是‘非’，都是假；说‘是’是‘是’，说‘非’是‘非’，才是真。”

亚里士多德，《形而上学》(约公元前350年)

换句话说，说猫是一只猫和猫不是狗，我们就在陈述一个真理，但是说猫不是猫或者猫是狗，我们就是在陈述一个谬误。

这一逻辑被称为符合论真理观，即认为事实陈述的真理或有效性是由它们是否精确地与事实相对应决定的。在十九世纪末期，罗素发展和分析了符合论真理观的不同流派。罗素的观点是我们对现实的感受由我们对逻辑上相互独立的事实的理解组成。对事物的知识取决于我们借助直接经验得到的信息。在确定一些命题的正确或谬误时（假设命题是一切正误判断的起点），为了认清它们的意义，我们必须认识一些直接与对象本身的认知水平相关的术语。

罗素提出人们充分了解对象和事物的两条途径。一是“亲知的知识”：信息来自于我们的感觉、知觉和记忆等。二是“描述的知识”：这类知识的来源无法被直接经验，只能通过理性推断。

在《论指称》（1905）中，罗素提出了一个准数学方法来确定陈述和命题的真确、虚假和意义。罗素指出概念的明确描述与真理的判断密切相关。归类为明确的描述通常包含定冠词“这个”（the）或一个专有名词（首字母大写的名词）。罗素以论述“现任法国国王是秃头”为例，认为这个论述的有效性由论述的三个不同部分之间的关系决定。这三个部分之间要达到和谐性必须满足如下条件：

> **“有一个‘X’。‘X’是‘现任法国国王’。除了‘X’，其他任何事物都不是‘现任法国国王’。‘X’的特征是秃头。”**
>
> 罗素，《论指称》（1905）

明确描述由两部分组成，即X是“现任”法国国王”，且X是秃头。罗素辩称，为了创造出真理的外观，这三个部分必须相关。如果其中一个部分不和谐，那么这一论述就是假的。有趣的是，即使这一论述中的一部分和其他两个部分失衡，论述仍然有意义。如果论述改写成“法国国王是秃头”，其中包含的关系虽然看似“明确”，但实际上是任意的，因为我们的语言知识告诉我们法国有过许多位国王。在这方面，对绝对真理的任何评断变得更加的语言化，与命题如何使用语言以及语言如何组成命题中的元素（这是描述意义上的事）相关。

在罗素提出关于真理与语言之间关系的论点之前，

尼采早就在《道德之外意义上的真理和谎言》一书中提出过类似观点。这本书写于1873年，但是在尼采生前并未出版。尼采主要关注在我们如何界定概念的背景下，真理和语言之间的关系。对尼采来说，使用词语阐释概念是一种阐明经验的、便于沟通的方法。尼采提出的问题是，词语和它们阐释的概念不一定是明确的描述，有时只是一些隐喻，其本身就是任意的。狗是狗，只是因为我们都认可隐喻词——“狗”——是一种我们熟悉的动物的概念。因此，对尼采来说，词语和概念仅仅是隐喻，并不对应于它们的“真正”现实。尼采用其典型的，充满自我意识的浪漫笔调宣布绝对真理并不存在，并用下列术语定义真理概念：

“隐喻、换喻和拟人化的变化组合……总之，人和人关系的总和，开始增强、转换，并点缀了些诗意和修辞，这种总和在长期使用之后更坚定地、规范地、义务地服务于一些人：真理是已忘却其含义的人们的幻想；是已经开始破旧，没有了感性力量的隐喻；是失去了图案，只能作为金属存在的硬币。”

尼采，《道德之外意义上的真理和谎言》（1873）

尼采将真理视作隐喻的观点（尼采精彩地描述为“失去图案的硬币”），对20世纪60年代和70年代法国后现代主义哲学家们，如米歇尔·福柯（Michel Foucault）和雅克·德里达（Jacques Derrida）来说，被证明是非常诱人和有影响力的。

“真理在哲学上意味着概念和事实之间的相互对应。”

黑格尔（1770—1831年）

“生产资料”是什么?

在很多方面，卡尔·马克思（1818—1883年）是政治思想领域最有影响力的现代哲学家。马克思的主要著作《资本论》（1867）被认为是最早一批系统地分析支撑工业社会经济结构的作品之一。马克思理论的重点涉及现代社会中经济生产的具体组织即“生产方式”(the mode of production)。生产方式的其中一个方面是“生产资料”（the means of production)，包括资源，如工业设施、原材料、电力和能源、农业设施和体力劳动。另外，还包括劳动力和劳动力组织。同时，马克思描述了他命名的“生产关系”：简言之，生产关系是指各社会团体之间的关系，即，拥有生产资料所有权的资产阶级和没有生产资料（劳动力也是一种生产资料）的被压迫团体——无产阶级——之间的关系。马克思认为人类社会的历史源于生产方式和生产关系之间的交互作用。

资本主义可以定义为一小部分富裕阶层以私有的方式控制生产资料的一种生产方式。这一阶层使用生产资料、雇佣劳动者进行商品生产，然后在不同但相连的市场上销售和交换。市场中的竞争促使生产者以最低的成本生产商品，反过来这意味着对劳动力（工人或无产阶级）进行剥削。为了生存和富有成效的经济利益，自私的资本家向工人支付最低的工资。这种状况引起无产阶级和资产阶级之间的摩擦，并由此带来生产关系中不同阶层间的历史斗争。马克思认为这种阶级斗争将最终体现为资本主义体制的崩溃，同时迎来新的被称为共产主义的集体所有制。

马克思的早期作品在很大程度上借鉴了黑格尔的思想，特别是黑格尔的辩证法。黑格尔重点描述了两种冲突观点互相融合过程中人类思想和观念的演变过程。马克思是一个唯物主义者，他认为人类通过自己的工作（或劳动）创造事物来定义自己。在资本主义体制中，因为工人不拥有任何生产资料，这迫使他们远离最基本的存在方式和身份认同，这使得工人们变得彼此疏离。对马克思来说，劳动的成果不仅需要满足基本的生存，还要让一个人感到个人身份的存在和自我价值。通过劳动，人类将原材料转换成产品，再根据使用价值定价为商品。劳动使人类满足最基本的需求，也让他们存在于世上。然而，生产资料私有制将人类与自我创造的过程相分离，劳动变成了挣扎求生存的手段；资产阶级占有劳动产品，为了维护自己阶层的经济利益，在市场出售产品。这种异化过程把人从将客观物质改造为具有使用价值的物品或产品的最基本生产过程中剥离出来，无产阶级的劳动成果在集体利益中的地位被资产阶级否认，因此被疏离的无产阶级将资本家们看作“其他人”。这种阶级间的对立和斗争，自然会以推翻资本主义制度并建立生产资料集体所有制的形式来解决。

黑格尔思想对马克思思想最明显的影响是“历史唯物主义”（historical materialism）。黑格尔认为，人的意识可以被定义为一个渐进的、跟随思想发展的过程或旅程，即从简单想法到复杂体系的过程。人表达思想的能力始于非常简单基本的、了解世界上事物的本质的尝试，然后通过辩证过程发展为更高位、更抽象的意识形式。根据黑格尔，历史的发展也体现了这种辩证过程，因为每个文明的发展和建立都基于先前时代的冲突和矛盾。思想是人类认识世界的主要方式，所以世界史在本质上就是思想史：随着时间的推移，思想如何进化和发展，以及在概念层面上思想之间的矛盾和冲突如何应对挑战并得以解决。马克思主义的历史观也采用了辩证法，但是不同于黑格尔的辩证法，马克思主义的历史观不是基于唯心主义，而是基于唯物主义的。在马克思看来，对历史时期的理解可以通过查阅特定社会或特定文明中的社会组织结构和组织方法，以及它们与人类最基本的物质需求之间的关系实现。因此，对马克思来说，历史可以看作是不同的经济制度和生产方式的发展，它们创造了满足我们基本需求的物质，随着时间的推移不可避免地带来冲突，同时也创造新的社会制度。

是否有一些问题科学也回答不了？

“是否有一些问题科学也回答不了”这个问题似乎包含着一个概念矛盾。传统意义上，科学全部的目的就是寻求了解迄今不为人所知的一切。尽管有很多东西科学无法完全解释，但在哲学领域，实证主义认为科学应该能解释一切，从自然现象到人的行为。

实证主义是科学哲学，它的基本理念是：唯一的合法知识是科学知识。实证主义认为，社会科学（如社会学、心理学和人类学）可以像传统科学一样，通过收集实验数据和应用数学逻辑处理数据来判断真理。获取、分析和验证通过经验观察取得的数据，科学可以得出一般规律。总之，不能被实证的命题不是真命题。另外，实证主义指出社会运作也同样受到物理世界中普遍规律和原则的影响，如月亮的阶段性重力作用。实证主义拒绝纯粹内省或抽象思维的有效性，反对神学和形而上学。虽然一些早期哲学家的著作中有着明显的实证主义思想的痕迹，其中最明显的就是培根、休谟和贝克莱的著作，但是实证主义这一术语最早是由十九世纪法国哲学家、社会科学之父奥古斯特·孔德（1798—1857）提出。

从1830年至1842年，孔德发表了一系列文章，收编为《实证哲学教程》（1842）。孔德的早期文章分析了物理科学中的认识论观点，随后发展了一些方法并分析人文社会背后的一般机制。事实上，孔德创造了社会学一词来研究社会现象。孔德的出发点是试图按照实证程度的不同对不同的学科进行分类。作为评价标准的实证性是指特定可观察的现象在何种程度上可以准确地鉴定。这种准确性可以通过数学上清晰连贯的证明来衡量。孔德根据实证性的程度将学科分类为五个主要的科学领域按实证性程度递减顺序依次为：天文学、物理学、化学、生物学和社会学。

处在孔德实证级别中最后一位的社会学引起了孔德的特别关注。他概述了所看到的自原始时代以来人类社会发展的三个阶段。

神学阶段

神学阶段一直持续到启蒙运动。这一阶段的特点是社会秩序由人们祈求的神和宗教决定。社会由宗教教义组织，也受到教义的压制。人们担心被排斥或迫害而否认任何解决人类存在基本问题的理性尝试。

形而上学阶段

孔德提出的人类社会发展的第二阶段——形而上学阶段，开始于启蒙运动，结束于法国大革命。这一阶段盛行逻辑理性，社会上第一次产生了一些关于人权的首要地位和寻求为全人类所理解和遵守的普遍权利的观念。这种寻求理解个人经历的意义和寻求超越宗教教义严格界限的集体意识必然导致冲突和战争。

实证阶段

最后一个阶段是实证阶段。人类社会已经发展到有能力理解社会内部运作模式、个人权利的首要地位，并有能力行使自由意志和自我管理。三个阶段的发展遵循着人类社会发展的“普遍规律”——每个阶段必须完全发展到下一阶段到来之前。向前行进的发展概念是孔德理论的关键：为了建立未来，需要对过去进行评断；借助科学（技术），孔德的乌托邦必将实现。

人类社会发展的三阶段理论存在的一个问题，即什么时候这个进程结束。或者换句话说，什么时候社会意识形态不再进步（参阅“历史会终结吗”一节）？社会已经到达实证阶段，在这个意义上，科学应该可以回答所有的问题。

然而，既然科学研究和发展是一个持续的过程，社会如何知道它正处于实证阶段？此外，坚持精确测量、观察数据的实证方法无疑过于狭隘和简化。实证主义的强大对手（参阅下面的例子），德国物理学家维尔纳·海森堡（Werner Heisenberg）提出了著名的“不确定性原理”（uncertainty principle）。海森堡的论断为：不可能同时知道太空粒子的确切位置和动量，因为观察对象受观察者的直接影响，任何评估（包括各种实证主义的）都逃不开不确定性原理。从这个意义上来说，至少目前，似乎人类在很大程度上仍然处在形而上学阶段，科学仍然无法回答全部问题。

“实证主义者有一个简单的方案：将世界分为我们能说清楚的部分和其他那些我们最好沉默略过的部分。但是谁能想象一种更加毫无意义的哲学，在其中我们能说清楚的几乎没有？如果我们忽略所有的不明确，那么很可能留给我们的只有毫无乐趣和琐碎的同义反复”。

海森堡，《物理和物理之外》（1971）

词语有意义吗？

传统上，确定词语是否有意义的哲学尝试都聚焦在一个观念上，即语言的定义（因此也是语言的含义）来源于标志（语言符号或讲话声音）和标志所指对象之间的相互作用。因此，词语“狗”指属于犬科的四足哺乳动物。在哲学上，这就是“符合论”。符合论强调，具有意义的真正思想和言论必须与它们所指的对象一致，这些观点和陈述必须与相关意义和谐一致。因此，语言（符号或文字）的真假完全依赖于它与事物之间的关系，以及语言是否准确地描述了它们所指的事物。符合论存在的问题是它依赖于一个假设，即存在能够通过符号、声音和思想精确描述的可观察的客观存在。现代哲学家们争论符合论的有效性，他们指出语言的不同功能，并比较不同的流程和结构。很多语言，特别是东南亚地区的语言，它们的词语在声音和字形上太相似，导致它们的含义只能由相近词所在的上下文推导出来。虽然这一事实并不能推翻词语的真正意义——用阿奎纳的话来说，“事物和思想之间的公式”——它仍然暗示词语意义的产生是一个复杂的过程。

维特根斯坦，特别是他后来的著作，抛弃了词语意义源于参考和代表的观点。维特根斯坦之前的分析哲学的传统观点认为我们可以根据外在条件确定一个命题或论述的真理性。这些决定性因素或者是空间物体（例如，我们的狗）或者是思想的表述。维特根斯坦得出的结论是：外部参照物赋予词语意义这一观点有缺陷，而且这种状况是个错误方向。维特根斯坦认为词语的意义不来自其相应的参考物（无论参考物是物理层面还是精神层面的），而来自正在使用的词语的用途：

> **“如果必须对符号的生命下一个定义，那么它只能是符号的用途……”**
>
> 维特根斯坦，《哲学研究》（1953）

维特根斯坦在遗作《哲学研究》中提出了备受争议的“使用意义”，这本书收集了维特根斯坦丰富的笔记和手稿。书的结构围绕着一系列思想实验，维特根斯坦将一系列相互矛盾的命题拆分开来。例如，他设定了一个假想情景：交给购物者一份写着“五个红苹果”的购物清单。购物者走进一个杂货店，把购物单递给店主，店主直接走到标有“苹果”的货柜前，并拿出色表，查找单词“红色”，然后称量五个红苹果。持有传统观念的人问（正如维特根斯坦做的那样）：“店主是如何知道单词‘五’意味着什么呢?”维特根斯坦认为，对店主来说，如何知道“五”意味着什么并不重要，重要的他知道这个词当下的用途。通过将词语类比为一个大工具箱，维特根斯坦进一步阐述了“使用理论”的意义：当我们在工具箱里翻找时，我们认识到这些物体的使用功能——我们可能不知道一些工具的用途是什么，但是我们应该认识到它们都是某种工具。同样，我们可能知道其他一些工具会有多种使用功能，因此工具的意义在不同的情景下就有了变化。

> **“关于词语‘意义’，有一大类例子——虽然并不是全部——都可以这样解释：一个词语的意义在于它在语言中的使用。”**
>
> 维特根斯坦，《哲学研究》（1953）

维特根斯坦最终得出如下结论：语言的功能类似于

游戏。正如存在着许多类型的游戏，它们有着各自不同的规则，甚至有一些游戏根本就没有正式规则一样，对于维特根斯坦来说，重要的是能够识别出固有的语言功能在使用中的意义。不同语言之间的区别不取决于语言游戏具体的定义，只取决于词语如何应用到不同的社会环境中。

维特根斯坦训练狗的方法

维特根斯坦最为人所知的是他在剑桥大学的两个任期中疯狂和古怪的行为。在剑桥道德科学俱乐部（集众多牛津、剑桥学者的精英圆桌会议）的一次会议上，维特根斯坦被指在谈论道德规则的有效性时用火钳威胁奥地利哲学家卡尔·波普尔（Karl Popper）。波普尔声称哲学问题是真实的，关系到人们如何生活，而维特根斯坦声称它们仅仅是语言的“游戏”。

维特根斯坦的朋友和传记作家诺曼·马尔科姆（Norman Malcolm）也提到，曾与维特根斯坦在实指定义作为婴幼儿语言教学方法的合法性上有过激烈的争论。实指定义是指通过举出例子来界定词语含义的基本过程。一天下午，马尔科姆回到了自己的家，发现维特根斯坦在花园里跟他的宠物腊肠狗呆在一起。维特根斯坦俯着身，手上拿着棍子，对着狗重复道：“这是一个木棒，那是一棵树。”并指着花园里的苹果树。据马尔科姆回忆，维特根斯坦花了一个多小时对着一只迷糊的狗重复说着同一句话，狗最终厌倦地走开了。过了一会儿，马尔科姆从厨房窗口向外看，他发现维特根斯坦仰面躺在草坪上，用牙齿叼着那根棍子。

“凡是合乎理性的都是现实的，凡是现实的都是合乎理性的 。”

黑格尔（1770—1831）

是否真的有命中注定?

在很多希腊神话和文学，特别是大诗人荷马的作品中，命运和前途被认为是在人出生之前就已注定的。命运不可避免，人只能接受自己的命运，勇敢地生活。而试图避免噩运是有罪的，而且可能会激怒神明。尊敬地接受命运被认为是斯多葛学派观点的先驱（参阅“杯子是半满抑或半空”一节）。

前苏格拉底时期古希腊哲学家赫拉克利特（Heraclitu，约公元前540年至公元前480年）。拒绝希腊传统观点关于命运之说。

赫拉克利特出生在希腊城市以弗所，该城现位于土耳其境内。他被认为是最后一位伟大的爱奥尼亚（古希腊的四大部落之一）哲学家。关于赫拉克利特的生活故事可参阅希腊历史学家第欧根尼在《名哲言行录》书中记录的轶事典故。第欧根尼将赫拉克利特描绘成一个厌世和忧郁的人物：坚决地批判他的前辈和同行。赫拉克利特哲学有约100多条谜语或谚语形式的格言保留下来。这些格言常十分模糊，使得对赫拉克利特的一些观点有互相矛盾的阐释。然而，尽管如此，赫拉克利特多次提到一些明确的概念，例如对立统一和哲学的“普遍流变”（universal flux）。赫拉克利特思想的中心是他提出的“普遍流变”的激进主张：赫拉克利特认为宇宙中的一切像无止境的长河一样不断地流动。他特别喜欢河的类比，如以下格言被后来的哲学家如柏拉图记录下来：

“一切都在变化，没有什么保持静止，人不能两次踏进同一条河流。”

赫拉克利特，（约公元前540年至公元前480年）

通过对自然世界中永恒过程和元素的观察，赫拉克利特认为世界是“按规律燃烧和熄灭的一团永恒的活火”。火是一个关键元素，“火的熄灭即为空气的诞生，空气的消失即为水的诞生”。元素的转化构成这个世界的普遍流变，因此，通过此种恒定流变和相互联系，“万物都是一体”。

在普遍流变中“万物都是一体”的观点似乎否认

了事物之间的差异。赫拉克利特认为，差异和变化取决于“对立统一”。因为有夜晚才有白天，有日落才有日升，有黑才有白，有水才有火。通过对立面的平衡而建立起宇宙的平衡，普遍流变因此才得以维持。

赫拉克利特挑战预定论的价值观和信念。他劝告人们对待生活应有更公正的态度，人们应该尽量远离自己纯粹个人的关注并从更超然的视角看待这个世界。赫拉克利特要求人们接受下面的观点：我们生活在一个没有什么是“既定”或“被命中注定”的世界上，这种思想影响（至少在他自己的时代）了大众的普通价值观和信念。

> **“一个人的性格就是他的命运。”**
>
> 赫拉克利特

赫拉克利特的“永恒之火”象征着一般事物和人类灵魂的本质。赫拉克利特象征性地指出，人的灵魂由火和水这两种元素构成。作为生活和思想之源，“火热的”灵魂给了人们审视自己和行动所需的必要特征，通过反思的过程，人们可以成为自然规律中的一种存在。

赫拉克利特提出的概念——如作为自然流变一部分的“火热的灵魂”——对希腊传统的命运观念产生了

重要影响。赫拉克利特最著名的格言之一，“一个人的性格就是他的命运”，显然不符合预定论的传统观念。赫拉克利特认为，培养火热的灵魂等同于开发一个人的性格和深入思考生活并做出决定的能力，因此，是我们的性格，而不是一些无形的力量，决定了我们的命运和前途。

总结："简而言之"的哲学

我曾认真思考哲学的本质并询问自己哲学是否可以"简而言之"。本书试图呈现历史上一些最伟大的思想家的哲学思想和观点，以及他们试图回答我们日常生活中常遇到的一些"大问题"。在一定程度上，理解他们的答案（事实上，这些哲学讨论并不产生传统意义上的答案）需要关注他们在各自所在的历史环境下对这些问题的阐述。

在约十七到十八世纪，哲学研究出现了明显的转变，从注重纯粹脑力思辨到注重科学观察和实验，以此作为确定真理的手段。二十世纪，大量先进技术似乎让关注人类知识边缘的哲学被边缘化了。哲学一直被认为是纯学术追求，而不是应用到日常生活的实践研究。而在所谓的后现代时代，人们越来越不愿意接受模糊的概念和令人困惑的术语。

我们生活在一个信息传播越来越快的时代。互联网和社交媒体的发展，意味着思想、观点和意见可以以令人惊叹的速度分散和交换。理论上，思想的自由交流是一件好事。如果哲学的任务是提出关于人类生活和思想的问题，并检验论据和论点，那么信息时代的言论自由应该是一个天赐良机。

对哲学家来说，生态和环境问题也是现在和不久的将来需要面对的关键问题。传统上，古希腊哲学，从道德角度关注人如何过良性和充实的生活。全球气候变暖、贫困、饥饿和疾病，以及能源危机等危险已经成为整个人类需要面对的关乎如何生存下去的全球性问题。这将是未来哲学的重大挑战。

很多伟大的思想家都曾回答过有关"如何生活"的问题。今天，是时候需要特意换成另一个问题了：当经济和生态变得不可持续时，"如何才可以生活下去"越来越重要。从这个角度来看，哲学不仅关乎理解人类知识和道德，哲学更根本的问题是：确保物种生存下去，并延续文明。或许，这些就是"简而言之"的哲学。

致 谢

我要感谢那些在本书编撰过程中给予我善意、帮助和建议的人们。首先，感谢路易丝·狄克逊（Louise Dixon）在第一时间建议我写这本书；感谢一直很耐心的优秀编辑加布里埃拉·内梅特（Gabriella Nemeth）；感谢迈克尔·奥马拉图书有限公司的设计和生产团队成员查理·曼顿（Charlie Mounter）。感谢R·卢卡斯（R·Lucas）、詹姆斯·韦斯特（James West）和苏塞克斯大学图书馆的工作人员们，他们允许我使用他们的设备并帮助我查询一些问题。最后，感谢我的妻子乔安娜·泰勒（Joanna Taylor）和美丽的女儿波莉（Polly），她们让我将一些哲学难题应用在她们身上，并给予我无尽的爱和支持。